V&R

Steffen Fleßa

Arme habt ihr allezeit!

Ein Plädoyer für eine armutsorientierte Diakonie

Mit 23 Abbildungen, 11 Tabellen und 5 Karten

Vandenhoeck & Ruprecht

Bibliografische Information Der Deutschen Bibliothek

Die Deutsche Bibliothek verzeichnet diese Publikation in der Deutschen Nationalbibliografie; detaillierte bibliografische Daten sind im Internet über <http://dnb.ddb.de> abrufbar.

ISBN 3-525-62374-7

Umschlagabbildung:
Speisesaal der Arbeiterkolonie Kästorf um 1905.
Archiv der Diakonischen Heime in Kästorf e.V., Gifhorn.

Internet: www.vandenhoeck-ruprecht.de

Printed in Germany.
Satz: Dörlemann Satz, Lemförde
Druck und Bindung: Hubert & Co., Göttingen

Gedruckt auf alterungsbeständigem Papier.

Inhalt

Vorwort

„Arme habt ihr allezeit bei Euch!" Wer auch immer sich mit dem Problem der Armut auf nationaler oder internationaler Ebene beschäftigt, wird diesem Wort aus dem Johannesevangelium (Joh 12,8) größte Aktualität bescheinigen. Wir werden Zeugen der Armut in ihrer existentiellen Dimension, wenn die Fernsehbilder aus einem Hungergebiet, einem Flüchtlingslager oder einem Slum uns bewegen. Armut begegnet uns aber auch in den Bettlern in den U-Bahnschächten deutscher Großstädte. Wir hören von der PISA-Studie und vernehmen, dass Armut noch immer einer der wichtigsten Gründe für schlechte schulische Leistungen ist. Armut ist auch in Deutschland ein großes Problem, das Menschen ausgrenzt, ihrer Chancen beraubt und unglücklich macht.

Das vorliegende Buch beschäftigt sich mit der Frage, welche Bedeutung das Phänomen Armut für die Diakonie haben sollte. Es findet seine Motivation in der Beobachtung, dass diakonische Einrichtungen in vielen Ländern zu einem großen Teil nicht mehr den Schwächsten und Ärmsten dienen, sondern ihre sozialen Dienstleistungen primär für den Mittelstand anbieten. Es gibt Anzeichen, dass auch in Deutschland ein Richtungswechsel stattfindet: Der Ausbau des Betreuten Wohnens für Menschen mit überdurchschnittlichen Renten steht in einem Widerspruch zum Abbau der Schuldnerberatungsstellen. „Ja, aber!" so werden nun viele Leser fragen: „Sind wir denn nicht auch zu den Reichen gesandt? Hat Jesus sich nicht auch um sie gekümmert? Können wir denn nicht im Betreuten Wohnen Gewinne erwirtschaften, um andere Bereiche zu subventionieren?"

Diese Fragen sind der erste Schritt in eine vertiefte Diskussion darüber, welche Zielgruppen die diakonischen Vereine, Werke und Verbände heute ansprechen sollen. Es geht dabei nicht sosehr um das „Wie?“, sondern um das „Was?“. Was soll Diakonie tun? Welche Dienstleistungen soll sie anbieten? Für welche Gruppen soll sie da sein? Hierauf will das vorliegende Buch eine Antwort geben.

Hierzu werden im ersten Kapitel begriffliche Grundlagen gelegt. Insbesondere soll begründet werden, warum eine betriebswirtschaftliche Analyse diakonischer Sozialleistungen nicht nur möglich, sondern unumgänglich ist, um den diakonischen Auftrag zu erfüllen. Im zweiten Kapitel wird ein diakonisches Zielsystem erarbeitet. Es zeigt sich, dass die konsequente Ausrichtung an den Bedürfnissen der Armen ein grundlegendes Ziel allen diakonischen Handelns sein muss. Im dritten Kapitel wird die Tragweite der nationalen und internationalen Armut beschrieben. Es zeigt sich, dass diese Armut weder allein durch den Staat noch ausschließlich durch den freien Markt beseitigt werden kann. Vielmehr bedarf es der privaten Initiative von Christen, Armut nachhaltig zu bekämpfen. Hieraus wird im vierten Kapitel der Anspruch einer armutsorientierten Leistungspolitik diakonischer Sozialleistungsunternehmen abgeleitet. Hierfür werden Entscheidungsregeln aufgestellt, anhand derer das Leistungsspektrum eines diakonischen Betriebes überprüft werden kann. Die Arbeit schließt mit einem Ausblick auf Forschungslücken in Theologie und Ökonomie.

Das vorliegende Buch soll Entscheidungsträgern auf allen Ebenen der Diakonie helfen, ihre Leistungen neu zu überdenken. Das Plädoyer für eine armutsorientierte Diakonie wird nicht ohne Widerspruch bleiben – ich freue mich auf den geschwisterlichen Austausch und bin dankbar, dass mehrere Kollegen und Glaubensgeschwister bereits daran teilgenommen haben. Einen besonderen Dank schulde ich Frau Prof. S. Greiffenhagen, Herrn Prof. W. Stegemann, Herrn Prof. T. Reichart, Herrn Dr. H. Drude sowie Herrn Dr. A. Manzeschke für ihre Anregungen und Korrekturen. Ihr Fachwissen in unterschiedlichen Wissensgebieten machte diese Arbeit erst möglich. Danken möchte ich auch meiner Frau Uschi und meinen Kindern, die mir Zeit und Muse gelassen haben, dieses Buch zu schreiben.

Nürnberg, im Jahr 2003 *Steffen Fleßa*

1 Diakonie als Forschungsobjekt der Betriebswirtschaftslehre

1.1 Theologie und Betriebswirtschaftslehre

Diakonie ist eine Lebens- und Wesensäußerung der weltweiten Kirche Christi. Sie leitet sich unmittelbar aus der biblischen Botschaft ab und findet ihre Rechtfertigung allein in ihrer Bindung an Gott. Jede Analyse der Diakonie, ihres Zielsystems und ihres Leistungsspektrums muss deshalb zuerst fragen, was die Bibel über Diakonie aussagt. Es ist folglich nötig, zuerst theologische und insbesondere ekklesiologische Grundzusammenhänge zu verdeutlichen. Die betriebswirtschaftliche Analyse ist nicht das Fundament der Diakonie, sie baut vielmehr auf den theologischen Grundlagen auf.

Die Aufgabe der christlichen Theologie ist es, das Wesen und Heilshandeln des dreieinigen Gottes zu erkennen.[1] Die Tatsache, dass Gott, ihr „Erkenntnisobjekt", nicht empirisch beweisbar ist, unterscheidet sie von den Realwissenschaften. So ist beispielsweise das wirtschaftliche Handeln als Erkenntnisobjekt der Betriebswirtschaftslehre genau zu messen, experimentell zu überprüfen und wiederholbar. Gott entzieht sich diesem Zugang. Lediglich die historischen Fakten der Kirchengeschichte können mit empirischen Methoden analysiert werden. Im Gegensätz-

1 Ich bin mir dessen bewusst, dass Erfahrungs- und Erkenntnisobjekt der wissenschaftlichen Theologie durchaus abweichend definiert werden können. Im Rahmen dieser Betrachtung müssen jedoch die Verschiedenheiten theologischer Traditionen und Lehrmeinungen vernachlässigt werden.

lichen der beiden Wissenschaften Theologie und Betriebswirtschaftslehre spiegelt sich die grundsätzliche Problematik einer betriebswirtschaftlichen Analyse diakonischen Handelns: Diakonie steht stets im Spannungsfeld von Glaube und Welt, zwischen spiritueller und empirischer Realität.

Dieser Widerspruch ist charakteristisch für die Gemeinde Christi, die stets in zwei Dimensionen zu sehen ist. Einerseits beruft sich Gott souverän seine Gemeinde als die an seinen Sohn Jesus Christus Glaubenden. Diese Gemeinde der Berufenen (Ecclesia) ist die Kirche Christi, das neue Gottesvolk oder in paulinischer Sprache der Leib Christi (1. Kor 12,27; Kol 1,24; Eph 1,22) bzw. die Gemeinschaft der Heiligen (1. Kor 1,2). Andererseits ist die Gemeinde jedoch von Anfang an auch in weltliche Bezüge eingebunden. Sie erleidet Knappheit an Mitarbeitern, Geld und anderen Ressourcen. Innere und äußere Konflikte sowie ein starkes Gemeindewachstum zwingen die Gemeinde, feste Organisationsformen zu entwickeln und beispielsweise Ämter einzusetzen. Die Gemeinde erhält folglich weltliche Strukturen.

Die Theologie bezeichnet die zwei Realitäten, nämlich die Gemeinde als Leib Christi sowie die Gemeinde als in weltlichen Bezügen lebende Gemeinschaft, mit dem Begriffspaar „ecclesia invisibilis" und „ecclesia visibilis" (Hübner 1985, S. 179–310). Die sichtbare Kirche lebt in der Welt, ist der Knappheit unterworfen und bedarf einer Organisation. Sie leidet an ihrer Unzulänglichkeit. Die unsichtbare Kirche hingegen ist bereits von weltlichen Eigengesetzlichkeiten befreit.

Die Aussagen dieses Buches beziehen sich überwiegend auf die ecclesia visibilis. Die Gemeinschaft von Christen, die heute in dieser Welt versucht, Gottes Willen zu erkennen und ihm dienend zu folgen, erhält zwar ihre Metaziele aus der theologischen Reflexion, die Umsetzung in der Realität jedoch erfordert weit mehr als nur eine Definition grundlegender Werte. Es wird nötig, diese Werte in konkrete Ziele zu übertragen und Handlungsanweisungen für den Alltag zu entwickeln. Hierin liegt die Aufgabe der Handlungswissenschaften, wie z.B. der Betriebswirtschaftslehre. Sie übersetzen das biblische Wertesystem in konkrete Ziele. Das diakonische Engagement der Kirchen muss deshalb sowohl theologisch begründbar als auch in der realen Situation praktizierbar sein. Diese Forderung gilt auch dann, wenn die diakonischen Träger rechtlich und organisatorisch selbständig sind.

Der Zielbildungsprozess in diakonischen Vereinen, Werken oder Trägern muss deshalb so gestaltet sein, dass die Diakonie Teil des kirchlichen Auftrages bleibt. Andererseits müssen Kriterien entwickelt werden, die in konkreten Entscheidungen über das Leistungsprogramm anwendbar sind. Dies kann nur erreicht werden, wenn Theologie und Betriebswirtschaftslehre eng zusammenarbeiten.

Einer der ersten Theologen, der sich mit der wirtschaftlichen Dimension diakonischen Handelns auseinander setzte, ist A. Jäger. In seinem bahnbrechenden Buch „Diakonie als christliches Unternehmen. Theologische Wirtschaftsethik im Kontext diakonischer Unternehmenspolitik" bezeichnet er die „Ökonomie als besonders theologiefremde Handlungswissenschaft" (Jäger 1986, S. 15), wobei „insbesondere der harte Kern ökonomischer Theorie und Praxis, der angestammte Bereich der Betriebswirtschaftslehre [...] noch kaum berührt" (S. 17) wird. Er führt dies auf die unterschiedlichen Wissenschaftstraditionen zurück (S. 25–26): Die „geisteswissenschaftlichen Eierschalen hängen der Theologie und besonders der theologischen Ethik nach wie vor an" (S. 26).

Sein Schüler, J. Degen, stellt in seinem Buch „Diakonie als soziale Dienstleistung" fest, dass die Theologie sich seit den 70er Jahren des 20. Jahrhunderts zwar anderen Geisteswissenschaften geöffnet hat, „eine vergleichbare Beschäftigung mit ökonomischen Theorie- und Forschungsansätzen, insbesondere mit Einschluss betriebswirtschaftlichen Handlungswissens, hat es seitens der evangelischen Theologie bislang kaum gegeben" (Degen 1994, S. 18). Deshalb entstehe eine „tief verursachte Fremdheit zwischen zwei gesellschaftlichen Sphären [...], und zwar der des Wirtschaftlichen in all seinen Variationen und der des Religiösen. Kirche und Wirtschaft halten wenig voneinander, thematisieren selten ihr Verhältnis zueinander, und was es an Beziehungen zwischen beiden gibt, tritt kaum in das Licht der Öffentlichkeit" (S. 24).

Im letzten Jahrzehnt veranlasste die Finanzkrise immer mehr Wissenschaftler, sich an den Grenzbereich zwischen Theologie und Ökonomie zu wagen. Aus theologischer Perspektive sind hier unter anderem die Arbeiten von Rückert (1990), Degen (1994), Garhammer (1998, S. 49–57), Nethöfel (1998, S. 58–66), Ebertz (1998, S. 68–84) sowie Fetzer, Grabenstein & Müller (1999) zu nennen, aus wirtschaftswissenschaftlicher Sicht die Studien von Barna (1991, S. 11–59), Krönes (1991a, S. 455–456), Perels (1991, S. 21–36), Hillebrecht (1992, S. 38–39; 1993, S. 213–228; 1995, S. 221–231), Minz & Stuirbrink (1993, S. 170–175), Eschenbach, Horak & Weger (1993), Schwarz (1992), Niklaus u.a (1995), Tremel (1995), Mödinger (1996), Schierl (1995, S. 253–274), Bauer (1996), Brummer & Nethöfel (1997), Hillebrecht (1997), Marx (1997), Kapfer u.a (1997), Raffée (1994; 1999a. S. 201–205; 1999b, S. 7–21; 1999c) sowie Bea (1999). Für das weiter Vorgehen in diesem Buch waren insbesondere die Arbeiten der Evangelischen Landeskirche in Württemberg (1999), von Mertes (2000) und von Eckert (2000) befruchtend, da sie explizit die kirchlichen Zielbildungsprozesse analysieren.

Die Evangelische Landeskirche in Württemberg entwarf mit Hilfe der Unternehmensberatung Arthur Andersen ein Konzept kirchlichen Controllings, das aus den christlichen Grundwerten konkrete Ziele des Finanzmanagements und des Rechnungswesens ableitet. Der Mönch J. C. Eckert verglich die Ordensspiritualität der Benediktiner mit der Unternehmenskultur von BMW und fordert, betriebswirtschaftliche Ziele seines Ordens aus den traditionellen Werten abzuleiten. M. Mertes entwickelte eine Balanced Scorecard für das Bistum Münster. Hierzu unterscheidet er drei Dimensionen christlicher Existenz: Martyria (Verkündigung und Zeugnis), Leiturgia (Gottesdienst, Sakramente und Gebet) sowie Diakonia (Dienst der Liebe und geschwisterliche Gemeinschaft). Nach Mertes ist Diakonia der Auftrag Gottes an jeden Christen, den Nächsten zu lieben und ihm zu helfen. Diakonie wendet sich an die notleidenden Christen und Nichtchristen. Martyria ist die Einladung zum Glauben. Sie verfolgt das Ziel, die frohe Botschaft von der Liebe Gottes in Jesus weiter zu geben. Liturgie schließlich wendet sich an die Gemeinschaft der Gläubigen. Sie ist das Feiern des lebendigen Gottes in persönlicher und gemeinschaftlicher Frömmigkeit. Diese sehr verkürzte Darstellung soll an dieser Stelle genügen.

Für die weitere Analyse ist es wichtig, dass die drei Wesensäußerungen des christlichen Glaubens keine Komponenten sondern Dimensionen christlicher Existenz sind. Der Unterschied liegt in der Additivität: Komponenten können addiert werden. So ist die Summe aus den Zahlen 2, 0, 10 zwölf, d.h. eine relativ große Zahl. Obwohl eine Komponente null ist, können die anderen Komponenten dies ausgleichen. Zusammen sind sie mehr als jede einzeln. Das Produkt der drei Zahlen ist hingegen null, da die anderen Zahlen die Null der zweiten Zahl nicht mehr ausgleichen können. Bildlich gesprochen spannen die drei Dimensionen einen Raum mit einem Volumen auf. Wenn eine Dimension auf den Ursprung zusammenfällt, ist das Volumen null, egal wie groß die anderen Dimensionen sind.

Diakonie, Verkündigung und Liturgie können sich gegenseitig nicht ersetzen, sie sind Dimensionen christlicher Existenz. Deshalb ist die dienende Gemeinde stets auch eine lobende, feiernde und verkündigende Gemeinde.

Im Folgenden wird versucht, operationale Ziele aus den biblischen Werten abzuleiten, die in konkrete Handlungsanweisungen für diakonische Vereine, Werke und Verbände überführt werden können. Wir beziehen uns dabei hauptsächlich auf die diakonische Dimension kirchlichen Handelns. Nur an wenigen Stellen wird die liturgische oder missionarische Dimension berührt. Dimensionen sind

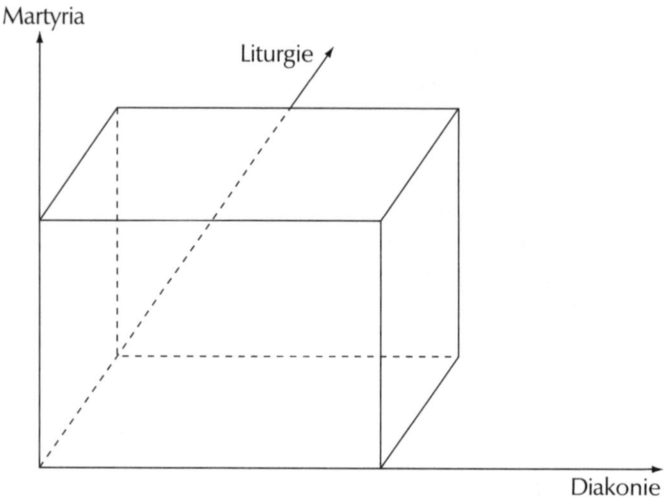

Abbildung 1: Dimensionen christlicher Existenz

ex definitione unterscheidbar, jedoch nicht trennbar. Der Leser muss sich dessen bewusst sein, dass die separate Abhandlung über die diakonische Dimension nur in der Wissenschaft, jedoch nicht in der Praxis möglich ist.

1.2 Diakoniebetriebslehre

Die meisten Autoren, die bislang das wirtschaftliche Handeln in der Diakonie analysiert haben, beschäftigen sich intensiv mit dem diakonischen Führungsstil. Sie beschreiben das „Wie?" diakonischen Managements, ohne in der Regel das „Was?", d.h. das Leistungsspektrum bzw. die Produktpolitik zu fokusieren. In der Regel gehen sie davon aus, dass die Dienstleistungen, die die Diakonie heute anbietet, dem Auftrag entsprechen; lediglich die Personalpolitik und hier insbesondere der Führungsstil diakonischer Einrichtungen müsse verbessert werden. Aus dieser Annahme ist verständlich, dass bislang keine wissenschaftlichen Arbeiten über das Verhältnis von Armut und Diakonie vorliegen, die den Ansprüchen der Theologie wie der Ökonomie gerecht werden.

Tatsächlich setzt die Betriebswirtschaftslehre jedoch nie am „Wie?“, sondern immer zuerst am „Was?“ an. Ausgehend von den Bedürfnissen der „Kunden“ definiert sie Leistungen und Produkte und leitet daraus die Prozesse (inklusive der Führungsprozesse) ab. Vor dem „Wie?“ steht in dieser Handlungswissenschaft folglich immer das „Was?“. Die Engführung der meisten Autoren auf die Personalpolitik zeigt auf, dass bislang von keiner umfassenden betriebswirtschaftlichen Branchenlehre der Diakonie gesprochen werden. kann. Hier ist noch viel wissenschaftliche Arbeit zu erbringen.

Die Lehre vom betrieblichen Handeln in diakonischen Einrichtungen soll hier – in Anlehnung an andere spezielle Betriebswirtschaftslehren, wie z. B. die Bankbetriebslehre, Industriebetriebslehre, Handelsbetriebslehre etc. – als Diakoniebetriebslehre bezeichnet werden. Da auch diakonische Einrichtungen der Knappheit unterworfen sind, müssen sie ihre Ressourcen weise nutzen, sie müssen wirtschaftlich handeln. Menschen, die ihre Ziele gemeinsam mit dem Anspruch verfolgen, wirtschaftlich zu handeln, bilden einen Betrieb. Es liegt deshalb nahe, von Diakoniebetrieben bzw. von diakonischen Unternehmen zu sprechen. Es muss hier noch einmal betont werden, dass sich der Begriff „Diakoniebetrieb“ ausschließlich auf die ecclesia visibilis bezieht. Eine Aussage über die unsichtbare Kirche ist der Diakoniebetriebslehre nicht möglich.

Diakonische Betriebe sind zum Teil Großbetriebe mit Tausenden von Mitarbeitern. Sie können deshalb ohne modernes Management und den Rückgriff auf die Erkenntnisse der Betriebswirtschaftslehre nicht geführt werden. Wie Tabelle 1 zeigt, arbeiten heute Deutschland weit in mehr als 23 000 diakonischen Einrichtungen über 400 000 Mitarbeiter. Die Diakonie ist damit einer der größten Träger der Freien Wohlfahrtspflege. In der Regel sind die Einrichtungen rechtlich selbständige Körperschaften, die jedoch im gemeinsamen Dachverband, dem diakonischen Werk Deutschlands, zusammengeschlossen sind.

		Einrichtungen	Betten/ Plätze	Hauptamtliche Mitarbeiter		
				Vollzeit	Teilzeit	Gesamt
Stationäre Einrichtungen	Krankenhäuser	369	71603	77195	39364	116559
	Jugendhilfe	979	37387	13268	6817	20085
	Familienhilfe	317	17263	1678	1392	3070
	Altenhilfe	2049	149279	44123	37057	81180
	Behindertenhilfe	1097	62384	24462	16333	40795
	Obdachlose, Flüchtlinge	393	15133	1939	1158	3097
	Sonstige	210	9881	641	490	1131
Teilstationäre Einrichtungen	Krankenhäuser	0	0	0	0	0
	Jugendhilfe	9531	570171	42356	30829	73185
	Familienhilfe	44	3206	121	334	455
	Altenhilfe	348	11259	353	451	804
	Behindertenhilfe	770	76339	16727	5944	22671
	Obdachlose, Flüchtlinge	432	19936	3478	652	4130
	Sonstige	32	1285	258	166	424
Beratung/ ambulante Dienste	Krankenhäuser	0	0	0	0	0
	Jugendhilfe	309	0	443	925	1368
	Familienhilfe[1]	2779	0	9457	22950	32407
	Altenhilfe	208	0	136	185	321
	Behindertenhilfe	322	507	582	1089	1671
	Obdachlose, Flüchtlinge	1927	0	1756	1398	3154
	Sonstige	1132	0	4374	1871	6245
Summe		23248	1045633	243347	169405	412752

Tabelle 1: Diakonische Dienstleister in Deutschland

Quelle: Diakonisches Werk Deutschland (1999)

Diakonische Einrichtungen können auf betriebswirtschaftliche Grundlagen zugreifen, sie sollten dies jedoch nicht

2 Inklusive Diakonie- und Sozialstationen.

wahllos vornehmen. So wäre es fatal, Zielsysteme aus dem kommerziellen Bereich unreflektiert auf die Diakonie zu übertragen. Ebenso wäre es nicht zielführend, Erkenntnisse aus der Sachgüterindustrie auf einen typischen Dienstleister zu transferieren. Deshalb ist eine exakte Kenntnis der Betriebswirtschaftslehre in ihrer vollen Breite nötig. Nur so kann verhindert werden, dass Konzepte in die Diakoniebetriebslehre importiert werden, die für ganz andere Zusammenhänge entwickelt wurden.

Diakonische Betriebe sind Nonprofit Organisationen (NPO). Der Begriff der NPO wird in der Literatur nicht einheitlich definiert. Einige Autoren lehnen sich stärker an die amerikanische Forschung an, die Nonprofit Organisationen in Ergänzung zu kommerziellen Unternehmen sowie dem Staat als dritten Sektor betrachtet. NPOs sind damit immer Nongovernmental Organisationen (NGO) und kompensieren als Intermediär Markt- und Staatsversagen (vgl. Kapitel 4). Andere Autoren sehen öffentliche Unternehmen als Teil der Nonprofit Organisationen, so dass zwischen staatlichen und privaten NPOs unterschieden wird. Nach beiden Definitionen sind Diakoniebetriebe NPOs. Im Folgenden erweist sich der amerikanische Forschungsansatz als zielführend.

Diakonische Betriebe unterscheiden sich als NPOs unter anderem auf Grund folgender Eigenschaften von kommerziellen Unternehmen (Schwarz, Purtschert & Giroud 1999; Badelt 1999):

- Unternehmensziele: Diakonische Betriebe verfolgen primär das Sachziel der Bedarfsdeckung. Ihr oberstes Ziel ist es, eine konkrete Not zu lindern. Weitere Ziele, wie z.B. die Erzielung von Gewinnen, treten dagegen in den Hintergrund. Es ist hier wichtig zu betonen, dass das Gewinnziel nicht ausgeschlossen ist. Gewinne sind jedoch ausschließlich als Maßnahme zur Verfolgung des Oberzieles der Bedarfsdeckung vorgesehen, d.h., es besteht kein Gewinnentstehungsverbot, sondern eine Gewinnverwendungsbeschränkung.
- Steuerlicher Status: Diakonische Betriebe sind in der Regel als gemeinnützig anerkannt. Es gibt jedoch auch Beispiele von Un-

ternehmen, die bewusst oder unbewusst auf die steuerliche Anerkennung der Gemeinnützigkeit nach der Abgabenordnung verzichten, obwohl sie eindeutig eine Nonprofit Organisation sind. Durch diesen Verzicht erhält die Nonprofit Organisation eine höhere wirtschaftliche Unabhängigkeit, da die Auflagen des Steuerrechts, insbesondere bzgl. der zeitnahen Mittelverwendung, nicht eingehalten werden müssen.

- Finanzierung: Die klassische Unterscheidung zwischen Außen- und Innenfinanzierung bzw. zwischen Fremd- und Eigenfinanzierung ist unzureichend, um die Mittelherkunft der Diakonie zu beschreiben. Mitgliedsbeiträge, Verbandsumlagen, Spenden, Sponsormittel, Stiftungserträge sowie Zuschüsse stehen diakonischen Trägern offen (Bernhardt 1999, S. 301–330). Diakonievereine haben traditionell einen großen Teil ihrer Ausgaben über derartige Einnahmen finanziert. Größere Werke refinanzieren sich heute jedoch überwiegend über die Verkaufserlöse ihrer Dienstleistungen.

- Ehrenamtliche Tätigkeit: Diakonische Betriebe können auf ehrenamtliche Mitarbeiter zugreifen. Basisnahe Diakonievereine verfügen in der Regel über einen großen Pool von Ehrenamtlichen, während der „Arbeitskraftspende“ bei den größeren Diakoniewerken nur geringe Bedeutung zukommt.

Angesichts dieser großen Unterschiede zwischen NPOs und kommerziellen Unternehmen wäre es ein schwerer Fehler, Strategien, Denkstrukturen und Managementansätze aus der Betriebswirtschaft kommerzieller Unternehmen unreflektiert zu übertragen. Vielmehr sollten Ansätze der BWL der NPOs adaptiert werden. Hierbei ist zu beachten, dass auch NPOs sehr unterschiedlich sind. Eine Führungsstruktur, die für eine bestimmte NPOs entwickelt wurde, mag für eine andere ungeeignet sein.

In Anlehnung an Schwarz, einen der wichtigsten deutschsprachigen Vertreter der Theorie der NPOs, soll die Diakonie als eine „karitative“ NPO kategorisiert werden. Schwarz (1992, S. 18) unterscheidet zwischen staatlichen und privaten Nonprofit Organisationen. Die staatlichen NPOs dienen der Erfüllung demokratisch festgelegter öffentlicher Aufgaben und erbringen konkrete Leistungen

Trägerschaft		Zweck, Aufgabe	Arten, Typen
Staatliche NPO	Gemeinwirtschaftliche Unternehmen	Erfüllung demokratisch festgelegter öffentlicher Aufgaben; Erbringung konkreter Leistungen für die Bürger	• Schulen • Universitäten • Museen • öffentliche Verwaltung
Private NPO	Wirtschaftliche NPO	Förderung und Vertretung der wirtschaftlichen Interessen der Mitglieder	• Wirtschaftsverbände • Berufsverbände • Konsumentenorganisationen • Genossenschaften
	Soziokulturelle NPO	Entwicklung gemeinsamer Aktivitäten im Rahmen kultureller und gesellschaftlicher Interessen und Bedürfnisse der Mitglieder	• Sportverein • Clubs • Kirchen
	Politische NPO	Gemeinsame Bearbeitung und Durchsetzung politischer Interessen und Wertvorstellungen	• Politische Parteien • Bürgerinitiativen • Umweltschutzorganisationen • Heimatvereine
	Karitative NPO	Karitative Unterstützungsleistungen an bedürftige Bevölkerungskreise	• Freie Wohlfahrtspflege • Entwicklungshilfeorganisationen • Selbsthilfegruppen

Tabelle 2: Klassifikation der Nonprofit Organisationen nach Schwarz

für die Bürger. Hierzu gehören nach Schwarz nicht nur öffentliche Betriebe, wie z.B. Schulen, Universitäten oder Museen, sondern auch die öffentliche Verwaltung. Die privaten NPOs unterteilt er in wirtschaftliche, soziokulturelle, politische und karitative NPOs. Wirtschaftliche NPOs dienen der Förderung und Vertretung der wirtschaftlichen Interessen der Mitglieder. Schwarz nennt hier insbesondere die Wirtschafts- und Berufsverbände, Konsumentenorganisationen und Genossenschaften. Soziokulturelle NPOs entwickeln gemeinsame Aktivitäten im Rahmen kultureller und gesellschaftlicher Interessen und Bedürfnisse ihrer Mitglieder. Schwarz zählt Sportvereine, Clubs, Kirchen etc. hierzu. Politische NPOs erstreben die gemeinsame Bearbeitung und Durchsetzung politischer Interessen und Wertvorstellungen. Neben den politischen Parteien subsumiert er Bürgerinitiativen, Umweltschutzorganisationen und Heimatvereine. Karitative Nonprofit Organisationen schließlich erbringen karitative Unterstützungsleistungen an bedürftige Bevölkerungskreise. In Deutschland zählen hierzu vor allem die Träger der freien Wohlfahrtspflege, Entwicklungshilfsorganisationen sowie Selbsthilfegruppen. Die Diakonie fällt damit in die Kategorie „karitative NPO".

Die Klassifikation nach Schwarz hilft, die diakonischen Träger in ihrem gesellschaftlichen Zusammenhang zu sehen. Sie fordert dazu heraus, eine eigene Branchenbetriebslehre für die Diakonie, eben eine Diakoniebetriebslehre zu entwickeln. Zum großen Teil kann sie dabei auf die bestehenden Managementansätze von NPOs zurückgreifen. Ausgangspunkt muss hierfür das Leistungsprogramm der Diakonie sein. Dieses leitet sich jedoch grundsätzlich aus dem diakonischen Zielsystem ab, das sich grundlegend von dem Zielsystem anderer NPOs unterscheidet. Am Anfang einer Diakoniebetriebslehre steht deshalb die Analyse des diakonischen Zielsystems.

2 Ein diakonisches Zielsystem

Die Oberziele eines Betriebes entstehen nicht endogen im Betriebsprozess, sondern müssen exogen vorgegeben werden. So wie der Eigentümer eines kommerziellen Unternehmens alle betrieblichen Aktivitäten gemäß seinen persönlichen Zielen steuert, muss auch das diakonische Unternehmen durch Ziele geleitet werden, die außerhalb definiert wurden. Im Folgenden soll als Prämisse gelten, dass die Ziele diakonischer Unternehmen aus dem biblischen Zeugnis im Schriftverständnis protestantischer Tradition gewonnen werden.

Die Ableitung eines Zielsystems aus der Bibel ist die Aufgabe der Dogmatik. Dieses Zielsystem muss zwei Ansprüchen genügen. Erstens muss es die grundlegenden biblischen Aussagen über das Wesen und die Würde des Menschen, über Nächstenliebe, Gerechtigkeit und Haushalterschaft aufnehmen und konkretisieren. Zweitens muss es so praxisorientiert sein, dass ein moderner mittelständischer Diakoniebetrieb Entscheidungen auf Grundlage dieses Zielsystems treffen kann. Das Zielsystem muss deshalb konsistent mit den biblischen Werten, aber auch operational und praxisorientiert sein. Im Folgenden wird versucht, ein derartiges Zielsystem diakonischer Unternehmen abzuleiten.

Es muss an dieser Stelle erwähnt werden, dass die christliche Ethik im Gegensatz zur ausschließlich philosophischen Betrachtung nicht nur eine Aussage über das „Was sollen wir tun?" treffen kann. Der christliche Glaube gibt auch eine Antwort auf das „Wie kann ich tun, was ich tun soll?" (Burkhardt 2000, S. 7–26). Deshalb können es

Christen wagen, auch einmal Forderungen an eine diakonische Leistungspolitik zu stellen, die im säkularen Bereich utopisch wären.

2.1 Grundlegende Werte

2.1.1 Grundzüge der christlichen Anthropologie

Die christliche Anthropologie versucht, das Wesen und die Würde des Menschen gemäß dem biblischen Zeugnis zu beschreiben. Da die einzelnen Bücher der Bibel während mehrerer Jahrhunderte geschrieben wurden, gibt es durchaus Unterschiede in der Darstellung des Menschen in seiner Beziehung zu sich selbst, seinen Mitgeschöpfen und Gott. Diese Nuancen können hier nicht ausgeführt werden. Wir wollen uns auf einige wenige Aspekte beschränken, die insbesondere in den ersten Kapiteln Genesis beschrieben werden und im Allgemeinen als Kern christlicher Anthropologie anerkannt sind: Der Mensch ist das Ebenbild Gottes, ein Sünder und ein Haushalter der ihm anvertrauten Gaben.

Der erste Schöpfungsbericht beschreibt die Erschaffung des Menschen mit den Worten: „Und Gott sprach: Lasset uns Menschen machen, ein Bild, das uns gleich sei, die da herrschen über die Fische im Meer und über die Vögel unter dem Himmel und über das Vieh und über alle Tiere des Feldes und über alles Gewürm, das auf Erden kriecht. Und Gott schuf den Menschen zu seinem Bilde, zum Bilde Gottes schuf er ihn; und schuf sie als Mann und Weib" (Gen 1,26–27). Die Gottesebenbildlichkeit des Menschen, die Imago Dei, hat weitreichende Konsequenzen für diakonische Unternehmen.

Der Mensch ist das Ebenbild Gottes, das Gegenüber Gottes, das durch den Schöpfungsakt seinen eigenen Wert und seine Würde erhält. Diese Eigenschaft ist ihm von Geburt an gegeben und unabkömmlich immanent. Sie ist unabhängig von jeglicher Leistung (Seibel 1967, S. 805–844). „Die Würde des Menschen ist die Würde des Ebenbildes Gottes" (Pius XII, zitiert in Justitia et Pax 1991, S. 43). Das ungeborene Leben erhält dieses Prädikat mit der Zeugung, und zwar auch dann, wenn es schwerst behindert ist. Das Kind hat diese Würde inne, unabhängig von seiner Intelligenz und körperlichen Stärke. Der Erwachsene kann durch seine Leistung diesen Wert nicht erhöhen und durch seine Leistungsschwäche nicht verlieren. Auch der alternde Mensch verliert durch Schwachheit oder Demenz niemals die Ebenbildlichkeit Gottes. Der Wert des Menschen ist auf Grundlage der Bibel unendlich. Mehr als das Ebenbild Gottes kann der Mensch deshalb nicht sein und werden. Der Mensch kann gemäß dem Schöpfungsbericht aber auch nicht weniger sein und werden (Eckert 2000, S. 72–77).

Diakonische Unternehmen müssen deshalb in ihrem Zielsystem verwirklichen, dass der Wert eines jeden Menschen gleich groß und unabhängig von seiner Leistung, seinem Einkommen oder seinem sozialen Status ist. Der Wert eines Obdachlosen ist mitnichten geringer als der Wert eines Unternehmers, die Würde einer drogenabhängigen Prostituierten ist ebenso schützenswert wie die Würde einer Operndiva.

Angesichts der ständig steigenden Gefährdung zukünftiger Generationen durch Umweltverschmutzung, Überschuldung und Ausbeutung natürlicher Ressourcen muss jedoch auch betont werden, dass der Wert und die Würde des Menschen auch für zukünftige Generationen gilt. Der Wert eines Menschenlebens heute darf nicht höher geachtet werden als der Wert eines Lebens in zwanzig, fünfzig oder hundert Jahren. Es gibt keinen Hinweis darauf, dass der Mensch, der in einer Generation geboren wird, von Gott eine geringere Würde beigemessen bekommt als die heute Lebenden. Eine kurzfristige, allein die heutige Generation fokussierende Diakonie ohne Nachhaltigkeit widerspricht deshalb dem biblischen Zeugnis der Gottesebenbildlichkeit.

Die zweite Grundaussage der christlichen Anthropologie ist die Sündhaftigkeit des Menschen. Jeder Mensch hat in sich die Neigung, sein Eigeninteresse in einer Weise an die erste Stelle zu setzen, dass er damit anderen Schaden zufügt. Der Ursprung dieser Selbstsucht wird in der Bibel in der Geschichte vom Sündenfall (Gen 3) beschrieben. Das erste Menschenpaar wählte den bewussten Ungehorsam gegen Gott. Dadurch wurde die enge Gemeinschaft mit dem Schöpfer zerstört, die Intimität mit dem Unendlichen war nicht mehr möglich. Die Bibel beschreibt dies als ein „Schämen" und „Verstecken", d.h., dem gefallenen Menschen ist es unmöglich geworden, dem heiligen Schöpfer direkt zu begegnen (Gen 3,7–8). Der Sündenfall ist damit ein universalgeschichtliches Ereignis und Sünde der umfassende Bruch des Menschen mit Gott. Die ursprüngliche Schöpfungsordnung ist zerstört (Häring 1995, S. 1205–1208; Bonhoeffer 1988, S. 88).

Die Konsequenzen dieses Bruchs sind weitreichend. Zuerst kommt der Mensch in „Widerspruch zu sich selbst" (Rich 1991, S. 111). Als gespaltenes Wesen nach der Corruptio fehlt ihm die Integrität, die Ganzheit der ursprünglichen Schöpfungsordnung. Als Konsequenz stellen sich Leid, Krankheit und Tod ein. Weiterhin führt der Sündenfall zu einer Deformation der menschlichen Gemeinschaft. Es entsteht eine intra-familiäre Hierarchie (Gen 3,16) und die Lust, den Bruder zu töten (Gen 4). Unterdrückung, Ausbeutung, Krieg und Mord sind die Konsequenzen des Sündenfalls, die alle Menschen bedrohen. Armut wird damit zu einer universalen, vom Individuum losgelösten Konsequenz des Sündenfalls. Armut ist erst in der gefallenen Welt denkbar.

Drittens ergibt sich aus dem dramatischen Ereignis im Garten Eden, dass der Mensch sich zwischen „Gut" und „Böse" entscheiden muss (Thielicke 1986, S. 650). Was vor dem Bruch mit Gott eindeutig und klar war, wird nun zweifelhaft und schwierig. Der Mensch erfährt, dass er oftmals nicht weiß, wie er sich zu verhalten hat, und dass er seine Erkenntnisse nicht umzusetzen vermag. Paulus drückt seinen Schmerz über die Heillosigkeit seines Lebens, ja die Verzweiflung an der eigenen Sünde mit den

Worten aus: „Denn das Gute, das ich will, das tue ich nicht, sondern das Böse, das ich nicht will, das tue ich" (Röm 7,19) und bestätigt, dass dies für alle Menschen zutrifft: „Denn es ist hier kein Unterschied: sie sind allesamt Sünder und ermangeln des Ruhmes, den sie bei Gott haben sollten" (Röm 3,22–23).

Die Sündhaftigkeit des Menschen hat weitreichende Konsequenzen für diakonische Unternehmen. Die Bibel beschreibt den Menschen realistisch – und es ist durchaus realitätsnah anzunehmen, dass Menschen dazu neigen, primär ihre eigenen Bedürfnisse zu befriedigen, auch auf Kosten anderer. Die Bedürfnisse der Armen und Schutzlosen, der Kranken und Hungernden werden in einer Gesellschaft von Sündern oftmals zurückgestellt, die Ansprüche zukünftiger Generationen vernachlässigt. Die Diakonie hat deshalb die Aufgabe, sich gegen die Auswirkungen des Sündenfalls zu stellen und gegen die „Gesetzmäßigkeiten" der Welt eine Stimme für die Armen, Kranken, Hungernden und Unterdrückten zu sein: „Tu deinen Mund auf für die Stummen und für die Sache aller, die verlassen sind. Tu deinen Mund auf und richte in Gerechtigkeit und schaffe Recht dem Elenden und Armen" (Spr 31,8–9).

Die Diakonie sollte der institutionalisierte Verteidiger der Armen werden. Es ist das Wesen der gefallenen Welt, die Reichen und Mächtigen zu ehren, ihnen Gehör zu schenken und alle staatlichen wie privaten Systeme auf sie auszurichten. Die Diakonie muss sich deshalb auch einmal gegen die Reichen und Mächtigen stellen. Sie muss Strukturen angreifen, die dem Schöpferwillen widersprechen, da das Böse nicht nur von „personaler, sondern auch von struktureller Art" (Rich 1991, S. 111) ist. Neben dem individuellen Diakonat ist deshalb auch ein „politisches Diakonat" (Kehl 2000, S. 389–399) unerlässlich.

Weiterhin müssen diakonische Betriebe anerkennen, dass auch ihr Klientel aus Sündern besteht. Es wäre unrealistisch und wider das biblische Zeugnis anzunehmen, dass alle Armen dieser Welt rechtschaffene und arbeitswillige „Heilige" wären. Auch unter den Armen gibt es Menschen, die die Mühsal der Arbeit scheuen und lieber die Gutmütigkeit anderer ausnutzen. Die christliche Lehre von der Sündhaftigkeit bewahrt davor, die Zielgruppen der diakonischen Arbeit zu glorifizieren.

In der Geschichte gab es zahlreiche Versuche, den negativen Egoismus des Menschen zu überwinden. So erstrebt beispielsweise der Marxismus die Überwindung des Bösen durch die Abschaffung des Privateigentums an Produktionsmitteln. Die Bibel zeigt auf, dass weder das Privateigentum noch andere äußere Rahmenbedingungen die Grundlage von Armut, Hass und Zerstörung sind, sondern vielmehr der Widerstand des Menschen gegen die Herrschaft Gottes in seinem Leben. Gott und Mensch sind getrennt – und der Mensch kann nichts dazu beitragen, diese Trennung aufzuheben (Eph 2,8–10).

Die Wiederherstellung der ursprünglichen Harmonie von Schöpfer und Geschöpf wird in der Bibel als die Rechtfertigung des Sünders vor Gott bezeichnet. Sie ist allein durch das stellvertretende Leiden und Sterben Jesu Christi möglich (Röm 4,25; 8,3; 1. Kor 15,3; 2. Kor 5,19; Gal 1,4; 1. Joh 1,7), aber nicht durch die Leistung des Menschen. Die Versöhnung von Gott und Mensch, die Aufhebung alles Trennenden zwischen dem Menschen und seinem Schöpfer ist die zentrale Botschaft des Neuen Testamentes (Röm 5,10–11; 2. Kor 5,19; Eph 2,16; 1. Joh 2,2; 4,10), die sich bereits im Alten Testament ankündigt (z.B. Ez 18). Gott durchbricht den Vorhang, der die Menschen vom Allerheiligsten trennt, durch seine Hingabe (Mt 27,51).

Für diakonische Unternehmen ist es wichtig zu realisieren, dass die vollkommene Gemeinschaft mit Gott, die uns die Rechtfertigung des Sünders durch Christi Sterben zusagt, bis zu Jesu Wiederkunft nur im Glauben möglich ist, d.h., „wir wandeln im Glauben und nicht im Schauen" (2. Kor 5,7). Eine Ethik für diakonische Betriebe muss deshalb stets eine Interimsethik (Brunner 1978, S. 108) sein, eine Ethik, die sich realistisch auf die Zeit zwischen Sündenfall und Wiederkunft Christi bezieht. Der diakonische Betrieb ist damit ein Phänomen des Vorletzten, ein „Wanderer zwischen den Welten, hin- und hergerissen zwischen dem Allerheiligsten und dem profanen Geschehen des alltäglichen Lebens“ (Rückert 1990, S. 18). Seine Entscheidungen müssen folglich nicht nur menschengerecht, sondern auch sachgerecht sein (Rich 1991, S. 71–83).

Die Umsetzung dieser Forderung kann nur erfolgen, wenn Theologie und Betriebswirtschaft eng zusammenarbeiten. Die Theologie verliert „ohne hinreichende Sachkenntnis [...] jegliche Legitimität, zur Sache zu reden“ (Rich 1991, S. 72). Die Betriebswirtschaft allein jedoch ist ziellos, wenn sie nicht immer wieder neu ein Werte- und Zielsystem aus der theologischen Reflexion erhält. Der Spannungsbogen zwischen der ecclesia visibilis und der ecclesia invisibilis, zwischen dem Regnum Christi und dem Regnum Mundi bleibt wohl die größte Herausforderung für die Diakonie. Ein diakonischer Träger, der um des Erhaltes der Einrichtung willen seine ursprünglichen, biblisch begründeten Ziele verlässt, ist zum sinnlosen Selbstläufer geworden, selbst wenn er äußerlich erfolgreich sein sollte.

Die dritte Grundlage der christlichen Anthropologie ist die Lehre von der Haushalterschaft. Der Schöpfungsbericht beschreibt den Menschen als „Gottes Repräsentant“ (Eckert 2000, S. 74). Gott vertraut dem Menschen alle nötigen Ressourcen an und setzt ihn als Verwalter, als Haushalter seiner Schöpfung ein: „Und Gott der HERR nahm den Menschen und setzte ihn in den Garten Eden, dass er ihn bebaute und bewahrte“ (Gen 2,15). Der Haushalter erfährt Vertrauen, da ihm umfangreiche Ressourcen anvertraut werden. Er ist hierfür jedoch auch rechenschaftspflichtig, d.h., er muss darüber Bericht geben, wie er die ihm anvertrauten Güter und Begabungen verwendet.

Die Eigenschaft als Haushalter der anvertrauten Gaben wird in der deutschsprachigen Theologie selten betont, sie ist jedoch von großer Wichtigkeit für die sogenannte „Stewardship-Bewegung“ (Brattgard 1964) in den Vereinigten Staaten von Amerika und im skandinavischen Raum. Die Vertreter dieser Richtung fordern, dass das ganze Leben, der ganze Lebensstil des Christen von der Haushalterschaft

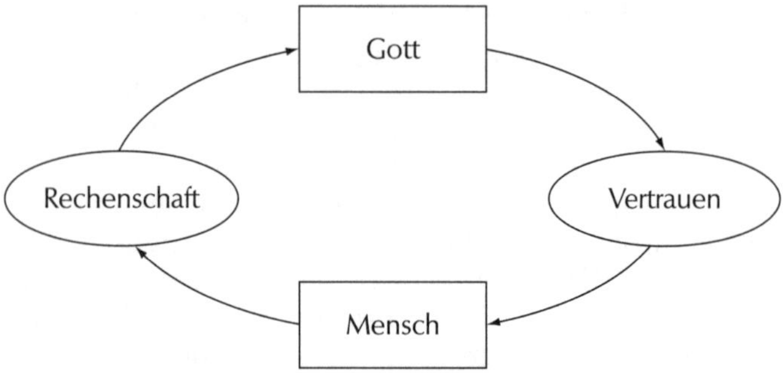

Abbildung 2: Haushalterschaft

geprägt sein sollte. Danach bedeutet Haushalterschaft nicht mehr und nicht weniger als die Hingabe an Gott, d.h., „es bedeutet, das eigene Leben dem Herrn zu widmen" (Husfloen 1994, S. 38). Dabei wird die Spannung zwischen Vertrauen und Rechenschaft, zwischen der Überlassung der Ressourcen und der Verantwortung für diese Güter und Gaben aufrecht erhalten (Brodd 1994, S. 21–30).

Die Haushalterschaft des Menschen ist ein häufiges Thema der Bibel. Eine schöne Illustration des Prinzips der Haushalterschaft ist die Erzählung, in der Abraham seinen Knecht ausschickt, um für seinen Sohn eine Frau zu suchen (Gen 24,2–9). Er stattet ihn mit umfangreichen Produktionsfaktoren für diese Aufgabe aus. Da die Wahl der richtigen Ehefrau entscheidend zum Überleben des Clans beiträgt, ist diese Aufgabe ein Beweis größten Vertrauens. Nach Erfolg des Projektes kehrt der Knecht zurück, und es heißt: „Und der Knecht sagte Isaak alles, was er getan hatte". Er gab Report, er verantwortete sich dafür, wie er die Ressourcen des Hauses seines Herren verwandt und sich des Vertrauens würdig erwiesen hatte.

Im Gleichnis von den anvertrauten Zentnern (Mt 25,14–30) zeigt sich der Inhalt der Haushalterschaft noch deutlicher. Die Knechte werden danach bewertet, wie erfolgreich sie ihre Ressourcen umgesetzt haben. Der Input (= die anvertrauten Zentner) wird ins Verhältnis zum Output (= die gewonnenen Zentner) gesetzt. Die Haushalterschaft bildet ein Effizienzmaß, einen Quotienten aus Produktionsergebnis und Werteverzehr. Die Effizienz wird zum Maßstab getreuer Haushalterschaft.

Aus diesen Ausführungen lässt sich schließen, dass ein Haushalter dazu berufen ist, die ihm von Gott anvertrauten Ressourcen gemäß dem göttlichen Zielsystem effizient zu nutzen (Brattgard 1964). Diese Nähe zur Wirtschaftlichkeit und Effizienz überrascht nicht, da der griechische Begriff für Haushalterschaft und Wirtschaftlichkeit identisch ist, nämlich „oikonomia“. Der Christ ist damit berufen, der Haushalter oder der Ökonom Gottes zu sein.

Diakonische Unternehmen sind als Haushalter Gott verantwortlich, dass sie ihre Ressourcen effizient für die göttlichen Ziele einsetzen. Verschwendung von Ressourcen ist damit ein schwerer Fehler diakonischer Betriebe. Diese Aussage stimmt allerdings nur, falls die Ressourcen knapp sind. Im Falle von Ubiquitäten, d.h. von Gütern, die in unbegrenztem Umfang zur Verfügung stehen, ist die Forderung nach Effizienz und Sparsamkeit diakonischen Handelns unsinnig. Weiterhin setzt die Forderung nach Effizienz voraus, dass mit einem gegebenen Input nicht jeder beliebige Output erzeugt werden kann. Beide Voraussetzungen sind in der Diakonie nicht unumstritten.

Die beiden Annahmen bilden die Grundlage allen wirtschaftlichen Handelns. Ohne das alles dominierende Theorem der fundamentalen Güterknappheit und die Annahme eines begrenzten Produktionsmöglichkeitsraums ist die Forderung nach einer wirtschaftlichen, effizienten Diakonie sinnlos. Wenn der Herr der Diakonie, der doch ein Gott der Fülle ist, das diakonische Handeln jenseits dieser Grenzen ermöglicht, kann sich die Haushalterschaft nur auf die Treue des Individuums zu seinem Schöpfer, jedoch nicht auf den Umgang mit den dann unbegrenzten Ressourcen beziehen.

Die Antwort ist mehrschichtig. Zum einen setzt Gott den Menschen in einen Garten Eden, der allem Anschein nach durchaus zu bearbeiten war. Der Garten Eden war kein „Schlaraffenland", in dem die gebratenen Tauben in den Mund der ersten Menschen flogen. Sie mussten ihn bearbeiten, und es gibt keinen Hinweis darauf, dass sie ohne jegliche Begrenzung waren.

Entscheidender dürfte jedoch sein, dass die Diakonie heute im mittleren Äon zwischen Sündenfall und Wiederkunft Christi, in der Spannung zwischen ecclesia visibilis und ecclesia invisibilis agiert. Die unsichtbare Kirche ist unsterblich und jeder Raum- wie Zeitbegrenzung enthoben. Eine Ressourcenbegrenzung für die ecclesia invisibilis ist ebenso unmöglich wie die Annahme einer Produktionsmöglichkeitsgrenze für Gottes Heilshandeln. Es ist die Konsequenz des Schöpfungsanspruches des unendlichen Gottes, dass er über allen menschlichen Dimensionen und Beschränkungen steht (z.B. Ps 65,10; Spr 12,11; Jer 31,14; Joel 2,19; Sach 7,7). Gleichzeitig ist es jedoch auch eine biblisch bezeugte Wahrheit, dass die sichtbare Kirche in dieser Welt lebt. Sie war von Anfang an der Knappheit an Personal und Geld ausgesetzt. Solange die Kirche auf die letztendliche Sichtbarwerdung der Erlösung wartet, muss sie respektieren, dass ihre Aktivitäten den ökonomischen Eigengesetzen der Güterknappheit und der begrenzten Produktion unterliegen. Der Glaube an den Gott der Fülle und die Forderung nach einer effizienten Diakonie sind deshalb kein Wiederspruch.

Die christliche Lehre vom Menschen sieht ihr Erkenntnisobjekt realistisch als Ebenbild Gottes, als Sünder in einer gefallenen Welt. Sie sieht ihn jedoch auch als einen Beauftragten. Diakonische Betriebe institutionalisieren diesen Auftrag in einem ganz spezifischen Bereich: der Nächstenliebe.

2.1.2 *Nächstenliebe*

Liebe ist ein schwer zu definierender Begriff, der jedoch für die Diakonie von zentraler Rolle ist. Es muss deshalb analysiert werden, welchen Sachverhalt der Begriff Liebe umschreibt, welche Bedeutung sie für diakonische Unternehmen hat und in wie weit sie die Grundlage täglicher Entscheidungen im Betrieb sein kann.

Jesus unterstreicht die Bedeutung der Liebe, indem er sie zum Erkennungsmerkmal der Christen erhebt: „Ein neues Gebot gebe ich euch, dass ihr euch untereinander liebt, wie ich euch geliebt habe, damit auch ihr einander lieb habt. Daran wird jedermann erkennen, dass ihr meine Jünger seid, wenn ihr Liebe untereinander habt" (Joh 13,34–35). Christsein heißt Lieben, christliche Existenz ohne Liebe wäre ein Widerspruch in sich selbst. Die Bibel gründet diese Liebe darin, dass Gott seine Geschöpfe bis zur Selbstaufgabe liebt (Röm 8,31–36; Joh 3,16). Die Aufgabe des Christen ist es, diese Liebe weiterzugeben, denn Glaube ohne Werke der Liebe ist tot (Gal 5,13; Jak 2,17, 1. Joh 3,17). Diakonische Unternehmen sind nicht etwa deshalb zur Liebe berufen, weil dies eine Marktlücke oder ein komparativer Vorteil auf den scharf umkämpften Sozialmärkten wäre, sondern weil alle Christen zur Liebe berufen sind. Dieser Auftrag ist Proprium und unveräußerliches Wesen diakonischen Handelns.

Die Bedeutung der Liebe für den Christen wird mit prägnanten Worten im „Hohelied der Liebe" (1. Kor 13) besungen, das mit den Worten schließt: „Nun aber bleibt Glaube, Hoffnung, Liebe, diese drei; aber die Liebe ist die größte unter ihnen (V. 13). Dieser Satz erhält seine volle Bedeutung erst, wenn man bedenkt, dass das 13. Kapitel eingefügt ist in eine längere Abhandlung über die Geistesgaben (Kapitel 12–14). Die Liebe erscheint dabei als die größte, ja die alles überdauernde Geistesgabe. Ein Geschenk Gottes, auf das hin alle anderen Gaben geordnet werden müssen. Deshalb schrieb William J. Seymour, der Gründer der Pfingstkirchen: „Die Pfingstkraft bedeutet, wenn man sie zusammenfassen will, einfach mehr von Gottes Liebe. Wenn sie nicht mehr Gottesliebe bringt, ist sie Betrug. Pfingsten bedeutet, mitten im 13. Kapitel des ersten Korintherbriefs zu leben. Das ist der Maßstab [...] Zungen sind eines der Zeichen, die zu jedem getauften

Christen gehören, aber sie sind nicht der Beweis für die Taufe im alltäglichen Leben. Wenn du zornig bist oder Böses redest oder andere verleumdest, dann ist es mir egal, wie viele Zungen du hast, du hast nicht die Taufe mit dem Heiligen Geist. Pfingsten lässt uns Jesus und unsere Brüder mehr lieben. Es führt uns alle in einer einzigen Familie zusammen" (Seymour, zitiert in Foster 2000, S. 153–154).

Der liebevolle Dienst am Nächsten wird in der Bibel als „diakonia" bezeichnet (Schäfer & Strohm 1994). Diakonie bedeutet ursprünglich den niedrigen Dienst, etwa den Dienst einer Magd bei Tische. Dieser Dienst prägte den Lebensstil der Urgemeinde. Neben Verkündigung und Gottesdienst war Diakonie eine gleichberechtigte Lebens- und Wesensäußerung der ersten Gemeinde (Apg 4,32). Sie ist Aufgabe jedes Christen, nicht nur der dafür mit einem speziellen Amt betrauten (Gal 6,9).

In den Reden Jesu wird der diakonische Grundgedanke oftmals aufgenommen. Grundlegend und oftmals zitiert ist das Gleichnis vom barmherzigen Samariter (Lk 10,25–37). Es enthält nicht nur einen Aufruf zur Mildtätigkeit, sondern auch ein eindrucksvolles Beispiel für finanzielle Großzügigkeit: der Samariter bezahlte den Wirt mit seinem eigenen Geld, damit er den Kranken weiter pflegte. Die Endzeitrede Jesu (Mt 25,31–41) betont die Liebe zu den Schwachen und Hilflosen. Die Diakonie an den Bedürftigen wird sogar zum Kriterium des Eintritts in das Reich zur Rechten Gottes: „Wenn aber der Menschensohn kommen wird in seiner Herrlichkeit, und alle Engel mit ihm, dann wird er sitzen auf dem Thron seiner Herrlichkeit, und alle Völker werden vor ihm versammelt werden. Und er wird sie voneinander scheiden, wie ein Hirt die Schafe von den Böcken scheidet, und wird die Schafe zu seiner Rechten stellen und die Böcke zur Linken. Da wird dann der König sagen zu denen zu seiner Rechten: Kommt her, ihr Gesegneten meines Vaters, ererbt das Reich, das euch bereitet ist von Anbeginn der Welt! Denn ich bin hungrig gewesen, und ihr habt mir zu essen gegeben. Ich bin durstig gewesen, und ihr habt mir zu trinken gegeben. Ich bin ein Fremder gewesen, und ihr habt mich aufgenommen. Ich bin nackt gewesen, und ihr habt mich gekleidet. Ich bin krank gewesen, und ihr habt mich besucht. Ich bin im Gefängnis gewesen, und ihr seid zu mir gekommen" (Mt 25, 31–36).

Es steht außer Zweifel, dass diese Rede keine abschließende Aufzählung derjenigen beinhalten soll, denen sich Christen in Nächstenliebe zuwenden sollen. Vielmehr stehen sie stellvertretend für alle, die hilflos, schwach, unterdrückt und verletzlich sind. Jesus ruft nachdrücklich zur Nächstenliebe auf, indem er seine Forderung mit einer nicht zu überbietenden Gewichtigkeit unterstreicht: „Was ihr getan habt einem von diesen meinen geringsten Brüdern, das habt ihr mir getan" (Mt 25,40). Jesus selbst wird folglich zum Zielpunkt der Nächstenliebe; Liebe zum hilflosen Mitmenschen mündet in der Liebe zu Jesus selbst.

Ein weiteres eindrückliches Beispiel für Diakonie findet sich im 13. Kapitel des Evangeliums nach Johannes. Jesus selbst wäscht seinen Jüngern die Füße (Joh 13,1–17; vgl. Lk 12,37). Er übernimmt damit die niedrigste Sklavenarbeit, er dient in Liebe denjenigen, die eigentlich unter ihm stehen. Dieses Vorbild der hingebungsvollen, dienenden Liebe verpflichtet seine Jünger bis heute, denn Jesus sagt: „Ein Beispiel habe ich euch gegeben, damit ihr tut, wie ich euch getan habe" (Joh 13,15).

Diakonische Unternehmen sind folglich zur Nächstenliebe und zum Dienst an den Schwachen und Hilflosen berufen. Liebe ist das Proprium und der alles überragende Anspruch diakonischen Handelns. Diese Aussage ist im Grunde bis heute unbestritten. Die Umsetzung dieser Forderung in der Praxis ist jedoch relativ schwierig. Liebe erscheint als ein kaum praktikables Ziel, als eine Utopie, die keine Auswirkung auf den Alltag hat. Wieso gelingt es in der Praxis kaum, Liebe als Ziel aller betrieblichen Aktivitäten zu verwirklichen?

Betriebsziele müssen verschiedenen Voraussetzungen genügen. Erstens müssen Betriebsziele eindeutig definierbar sein. Zweitens müssen Betriebsziele realistisch und erreichbar sein. Drittens muss der Zielerreichungsgrad messbar sein. Viertens muss die Erreichung des Zieles durch betriebliche Entscheidungen beeinflussbar sein. Im Folgenden werden wir aufzeigen, dass die Liebe in ihrer herkömmlichen Definition diese Anforderungen nicht erfüllt.

Zuerst muss man festhalten, dass die Liebe, wie sie in der Bibel beschrieben und von zahlreichen Theologen definiert wird, einen geradezu utopischen Anspruch an den Liebenden stellt. So erscheint es den meisten Mitarbeitern die Diakonie sicherlich als unrealistisch, dass sie im Alltag und in ihren Entscheidungen das Liebesideal des Apostels Paulus verwirklichen können, der die Liebe mit den Worten beschreibt: „Die Liebe ist langmütig und freundlich, die Liebe eifert nicht, die Liebe treibt nicht Mutwillen, sie bläht sich nicht auf, sie verhält sich nicht ungehörig, sie sucht nicht das Ihre, sie lässt sich nicht erbittern, sie rechnet das Böse nicht zu, sie freut sich nicht über die Ungerechtigkeit, sie freut sich aber an der Wahrheit; sie erträgt alles, sie glaubt alles, sie hofft alles, sie duldet alles. Die Liebe hört niemals auf, wo doch das prophetische Reden aufhören wird und das Zungenreden aufhören wird und die Erkenntnis aufhören wird. [...] Nun aber bleiben Glaube, Hoffnung, Liebe, diese drei; aber die Liebe ist die größte unter ihnen" (1. Kor 13,4–8.13). Nach Paulus ist die Liebe unendlich, kennt kein Maß und ist so kaum im Betriebsablauf verwirklichbar.

In der Kirchengeschichte wurde die christliche Liebe stets als höchster Wert beschrieben, der jedes menschliche Maß übersteigt. Während Philanthropie, Sympathie, Mitleid oder Zuneigung durchaus menschliche Regungen sind, erscheint manche Liebesdefinition unerreichbar. So postulierte der dänische Theologe Sören Kierkegaard, dass weltliche Liebe auch in ihrer edelsten Gestalt ein Ausdruck der Selbstsucht sei. Christliche Liebe hingegen suche ausschließlich das Wohl des Nächsten, sie sei Liebe aus Selbstverleugnung (Kierkegaard 1996, S. 394). Dietrich Bonhoeffer folgt diesem Gedanken und fordert eine Liebe bis hin zur Selbstaufgabe (Bonhoeffer 1988, S. 29–32), und William Law formulierte als Ziel der Liebe: „Uns zu allen Schwächen und Gebrechen unserer Mitmenschen herabzulassen, ihre Fehler zuzudecken, ihre Vorzüge zu lieben, ihre guten Ansätze zu stärken, die Erfüllung ihrer Wünsche zu erleichtern, uns an ihrem Wohlergehen zu freuen, in ihrer Not Mitleid mit ihnen zu haben, ihre Freundschaft anzunehmen, ihre Unfreundlichkeiten zu übersehen, ihre Bosheit zu vergeben, ein Diener der Diener zu sein, die niedrigsten Dienste an den niedrigsten Menschen zu tun" (Law 1952, S. 26).

Diakonische Unternehmen arbeiten in der realen Welt mit Mitarbeitern, die diesem Anspruch der Liebe in der Regel nicht oder nur unzureichend entsprechen können. Die Selbstverleugnung und der bedingungslose Dienst müssen ein hohes christliches Ideal bleiben, als Entscheidungsregel für konkrete Situationen stellen sie eine Überforderung dar. Hier zeigt sich erneut die Spannung zwischen dem Regnum Mundi und dem Regnum Christi, zwischen „ecclesia visibilis" und „ecclesia invisibilis". Wir würden gerne diese Liebe verwirklichen, aber die Eigengesetzlichkeiten der gefallenen Welt hindern uns daran. „Und so gestaltet sich Diakonie als permanenter Drahtseilakt zwischen dem unendlich hohen Anspruch der Liebe und den vor allem in den wirtschaftlichen Beziehungen der Diakonie spürbaren eigenen (oder fremden) Gesetzen, denen sich auch Diakonie um der Sachgemäßheit ihrer Entscheidungen willen einzuordnen, ja nicht selten unterzuordnen hat" (Rückert 1990, S. 36–37). Die Mitarbeiter diakonischer Unternehmen sind berufen, Liebende zu sein. Würde man diesen Wert jedoch als Ziel täglichen Handelns definieren, wäre ein Scheitern von Anfang an vorprogrammiert.

Darüber hinaus kann die Liebe kein operationales Ziel sein, weil sie gemäß dem christlichen Zeugnis unverfügbar ist. Zum besseren Verständnis dieser Aussage muss der theologische Liebesbegriff genauer beschrieben werden. Der Kirchenvater Augustin (vgl. Ritter & Gründer 1980, Sp. 290–328) unterscheidet drei grundlegende Dimensionen christlicher Liebe: Die Liebe des Menschen zu Gott (amor dei), die Liebe des Menschen zum Mitmenschen (caritas) sowie die Liebe Gottes zu den Menschen (deus est

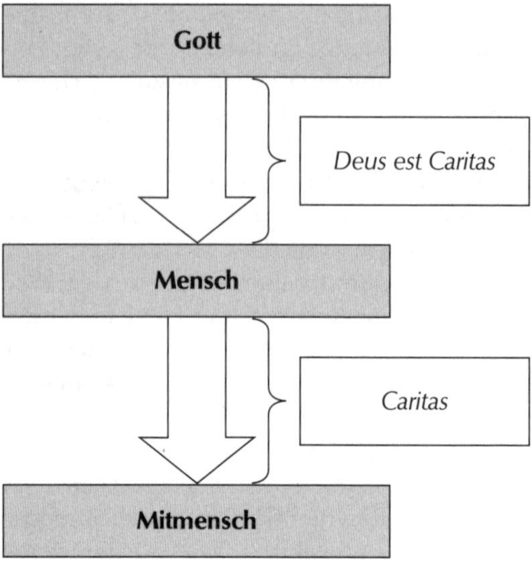

Abbildung 3: Transflux göttlicher Liebe

caritas). Gründend auf Paulus stellt er fest, dass die Caritas ausschließlich aus der Liebe Gottes zu den Menschen kommen kann. Der Mensch ist nicht zur wahren Liebe fähig, er muss vielmehr die Liebe von Gott erfahren und durch sich hindurch zu seinem Mitmenschen fließen lassen. Nur derjenige, der im Nächsten Gottes Ebenbild erkennt, kann ihm Liebe geben. Die Liebe Gottes wird damit zu einer notwendigen Voraussetzung für die Liebe des Menschen zum Mitmenschen. Auch der Apostel Johannes macht „klar, dass unsere Liebe nicht aus uns selbst entspringt, sondern eine Reaktion ist: ‚Lasst und lieben, denn er hat uns zuerst geliebt' (1. Joh 4,19)" (Foster 2000, S. 57), d.h., „erst durch die Liebe Gottes wird dann auch die Liebe zum Nächsten möglich" (Foster 2000, S. 248).

Dieses Verständnis von Liebe ist grundlegend für alles diakonische Denken. Auch Wichern, der Gründer moderner Diakonie in Deutschland, führt die Liebe des Menschen zum Menschen letztlich auf die Liebe Gottes zum

Menschen zurück: „Denn das Endziel aller seiner Liebe [Gottes, d. V.] zu den Seinen war, unter ihnen diese Liebe zu erzeugen, die das Abbild der urbildlichen Liebe und Gemeinschaft ist, die in dem dreieinigen Gott selber als ewiges Leben lebt. […] Die Pflege der Liebe ist die Auslebung, Ergießung, Ausgestaltung der Liebe, die nur lebt und reich wird im Geben und nur geben kann, indem sie arm ist durch den heiligen Geist und im Glauben alles von ihrem Herrn entnimmt" (Wichern 1962, S. 128–129). Problematisch für den Zielbildungsprozess ist dabei, dass eine Liebe, die letztlich nicht aus sich selbst, sondern allein aus Gott herrührt, durch betriebliche Entscheidungen nicht beeinflussbar ist. Sie unterliegt nicht dem Willen des Menschen, sondern der unverfügbaren Gnade Gottes. „Sie ist Widerfahrnis, Gabe Gottes, die dem Glaubenden und Hoffenden zum treibenden Gebot wird. Oder, um es mit einem Wort aus dem Kolosserbrief zu sagen: sie ist ‚Energie Gottes', als solche eine Energie in dieser Welt, die keine Energie von dieser Welt ist" (Rich 1991, S. 125).

Eine Energie, die zwar in dieser Welt, jedoch nicht von dieser Welt ist, ist für eine betriebliche Entscheidung unverfügbar. Der wichtige Zusammenhang von Aktion und Reaktion, von Handlung und Konsequenz ist aufgelöst. Eine Zurechenbarkeit eines Betriebsergebnisses auf eine Entscheidung wird unmöglich. Wenn es stimmt, dass „nur der wahrlich diakonisch sein kann, der die Diakonie Gottes an sich erlebt hat" (Neukamm 1999), dann ist das Leistungsergebnis diakonischer Unternehmen primär von einem Parameter abhängig, der mit keiner Wahrscheinlichkeitsverteilung approximiert werden kann.

Gegen diese Annahme könnte man einwenden, dass aller Erfahrung nach Nichtchristen durchaus zur Liebe fähig sind. Wenn Liebe zum Mitmenschen allein durch Erfahrnis der Liebe Gottes entstehen kann, wären Menschen, die den Gott der Bibel nicht kennen, zu wahrer Liebe nicht fähig. Man könnte dem entgegnen, dass auch sie von Gottes Liebe ergriffen sein können, ohne den dreieinigen Gott zu kennen. Damit wird jedoch die Liebe noch unwägbarer.

Wenn Gott Menschen unabhängig von deren persönlichen Glauben zur Liebe befähigt, kann die Religionszugehörigkeit bei der Einstellung neuer Mitarbeiter kein Entscheidungskriterium sein, um Liebe als oberstes Ziel diakonischen Handelns zu gewährleisten. Die Liebe als operatives Ziel, das in konkrete Handlungsanweisungen umzusetzen ist, scheitert an der Unverfügbarkeit.

Schließlich fehlt der Liebe in ihrem traditionellen Verständnis die Messbarkeit, die jedes betriebliche Ziel haben sollte. Hier muss betont werden, dass diese Aussage nur dann richtig ist, wenn man Liebe vorwiegend aus ihrer Intention heraus definiert. „Gut ist, was gut gemeint ist", bzw. Liebe ist, was aus dem Gefühl der Liebe und der Zugewandtheit zum Menschen entsteht. Diese intentionistische Liebe entspricht dem allgemein in der Kirche gebräuchlichen Liebesbegriff. So formulierte schon Augustin: „Dilige, et quod vis fac".[3] Auch Wilhelm von St. Thierry unterstrich, dass das Gutsein einer Handlung allein von der sie beseelenden Gesinnung abhängt. Die Ausführung der Absicht ändert nichts an ihrem Wert oder Unwert.[4] Ähnliche Gedanken finden sich gerade bei den imposantesten Vertretern christlicher Nächstenliebe, so z.B. bei Mutter Teresa. Sie fragte bewusst ausschließlich nach der Motivation ihres Handelns, nicht nach den Ergebnissen ihrer Arbeit. Für sie lag das Ergebnis allein in Gottes Hand. Sie wollte mit reinem Herzen ihre Arbeit tun und den Rest Gott anheim stellen (Feldmann 1997, S. 142–157).

Wenn die Liebe sich allein über die Intention definiert, so ist sie per definitionem nicht messbar. Das Wollen eines Menschen, die Reinheit seines Herzens und die Unverfälschtheit seiner Absicht entzieht sich der betriebswirtschaftlichen Analyse. Der Sitz seiner Liebe, sein Herz, ist weder messbar noch vergleichbar. Der Liebe fehlt damit jede Eigenschaft eines Betriebszieles.

3 „Liebe, und tu, was du willst!" Augustin, zitiert nach *Ritter & Gründer* (1980, Sp. 301).

4 Wilhelm von St. Thierry, zitiert nach *Ritter & Gründer* (1980, Sp. 302).

Für die weitere Analyse ist es wichtig zu hinterfragen, ob Liebe tatsächlich nur intentionistisch definiert werden kann, oder ob sie nicht auch auf Grundlage ihrer Konsequenz diskutiert werden sollte. „Gut ist nicht, was gut gemeint ist", sondern „Gut ist, was ein gutes Ergebnis liefert". Liebe ist dann das, was der Geliebte als Liebe wahrnimmt, was er als Liebe empfindet. Dies führt zu einer überraschenden Erkenntnis: Liebe ist damit ein alternativer Ausdruck für subjektive Qualität.

Um dies zu verstehen, muss der Qualitätsbegriff kurz analysiert werden. Die subjektive Qualität bezeichnet das, was der Betroffene als Qualität empfindet. Ein Patient beispielsweise nimmt eine schnelle und erfolgreiche Heilung als Qualität wahr, aber auch eine persönliche, liebevolle Zuwendung. Die Einschätzung der subjektiven Qualität wird dabei von Patient zu Patient unterschiedlich sein. Der Arzt hingegen hat einen anderen Qualitätsmaßstab. Er definiert ein Leistungsergebnis und ermittelt, ob er dieses erreicht hat. Seine objektive Qualität bemisst sich an der Zielerreichung. Objektive Qualität wiederum kann sich auf Inputfaktoren, auf Prozesse und auf Outputfaktoren beziehen. Nach Donabedian (1980) werden die entsprechenden Teilqualitäten als Struktur-, Prozess- und Ergebnisqualitäten bezeichnet.

Ziel jeder Dienstleistungsproduktion ist die subjektive Qualität, d.h., der Kunde bzw. der Klient soll mit der Leistung zufrieden sein. Allein was er als Zuwendung und als Hilfe wahrnimmt, zählt. Dies entspricht exakt der konsequentionistischen Liebe. Nur diejenige Liebe zählt, die auch von den Geliebten als Liebe wahrgenommen wird. Und mag das Herz des Liebenden noch so rein sein, wenn der Geliebte sich nicht geliebt fühlt, so ist die Liebe umsonst. Liebe in konsequentionistischer Sicht ist damit das Ziel aller Liebe.

Einige Heilungsgeschichten im Neuen Testament lassen den Schluss zu, dass Jesus die Menschen nicht nur in der Reinheit seines Herzens liebte. Er wollte sie so lieben, dass sie diese Liebe auch als Liebe wahrnehmen konnten. So heilt er den Lahmen am Teiche Bethesda nicht, ohne ihn vorher zu fragen, was er denn möchte. Er liebt ihn so, wie es der Kranke annehmen kann. Diese Wendung zur konsequentionistischen Nächstenliebe findet sich auch im Gleichnis des barmherzigen Samariters wieder. Der Schriftgelehrte hatte ursprünglich gefragt: „Wer ist denn *mein* Nächster?" (Lk 10,29). Er fragte also von sich aus, von seinem Standpunkt, von seiner Intention. Jesus erzählt das Gleichnis und dreht dann die Frage um: „Welcher dünkt dich, dass unter diesen der Nächste sei gewesen *dem, der unter die Mörder gefallen war*?" (Lk 10,36). Es geht Jesus um die erfahrene Nächstenliebe aus Sicht des Hilflosen, also um in konsequentionistische Sicht.

Diakonische Unternehmen sollten deshalb ihren grundlegenden Wert der Liebe daran messen, inwieweit ihre Taten der Nächstenliebe von ihren Klienten auch tatsächlich als solche empfunden werden. Falls ein kommerzieller Träger Leistungen erstellt, die von den Klienten als hochwertiger, ihrer Situation angemessener und persönlicher empfunden werden, falls er also eine höhere subjektive Qualität bietet, so würde er mehr Liebe praktizieren als ein diakonischer Träger.

Dieser Gedanke lässt sich noch erweitern: Liebe kann auch bedeuten, den Klienten bei einem gegebenem Input möglichst viel zu geben. Wenn ein Träger A mit demselben Pflegesatz eine intensivere Betreuung ermöglicht als ein Träger B, so wäre zweifelsohne Träger A derjenige, der dem Gebot der Liebe mehr entsprechen würde. Träger B verschwendet kostbare Ressourcen, die den Klienten entgehen. Der Grad der Ausnutzung von Ressourcen wird damit zum Maßstab der Nächstenliebe. Oder wirtschaftlich ausgedrückt: Die Effizienz drückt aus, ob eine Einrichtung Nächstenliebe praktiziert.

Diese Aussage mag erschrecken, denn viele sind gewohnt, Effizienz als Gegenteil von Nächstenliebe zu sehen. „Wir können uns nicht um unsere Patienten kümmern, weil wir wirtschaftlich arbeiten müssen!", so hört man Pflegende sagen. Die Wahrheit ist das Gegenteil: Wir können uns nicht ausreichend um die Patienten kümmern, weil wir unsere kostbaren Ressourcen in der Verwaltung, in der Dokumentation oder auf unnötig langen Wegestrecken vergeuden. Effizienz schafft die Spielräume für Nächstenliebe, Effizienz wird zum Maßstab für praktiziertes Christentum.

Diese wenigen Ausführungen zeigen auf, dass der intentionistische Begriff der Nächstenliebe kaum geeignet ist, eine konkrete Grundlage für Entscheidungsregeln und für betriebliche Ziele zu bilden. Er muss als fundamentaler Wert allen christlichen Handelns stets präsent sein. Eine konsistente Ableitung von Zielen und Handlungsanweisungen aus diesem Wert ist jedoch unmöglich. Aus einem konsequentionistischen Liebesbegriff lassen sich hingegen konsistent die operationalen Ziele Dienstleistungsqualität und Effizienz ableiten.

2.1.3 Gerechtigkeit

Gerechtigkeit ist ein weiterer Wert,[5] der für das Handeln diakonischer Unternehmen grundlegend ist. Allerdings gilt auch hier, dass die Ableitung konsistenter Ziele schwierig ist. Im Folgenden wird der Begriff kurz umrissen, ohne jedoch einen umfassenden Überblick über die ausführliche Diskussion der Gerechtigkeit seit Aristoteles geben zu wollen. Ich möchte mich auf einige wenige Ausführungen beschränken, die die Gerechtigkeit aus christlicher Sicht und im Zusammenspiel mit der Ökonomik beschreiben (vgl. Diefenbacher 2001).

Die Bibel gibt davon Zeugnis, dass Gott gerecht ist (Jer 9,23). Bereits darin liegt der Auftrag an die Nachfolgenden, gerecht zu sein. Der Gerechtigkeitsbegriff des Alten Testamentes ist jedoch breiter als die Definition der Gerechtigkeit als Tugend, wie wir sie etwa im 5. Buch der Nikomachischen Ethik von Aristoteles finden. Gottes Gerechtigkeit

5 Der Begriff „Wert“ ist erst über die Makroökonomik in die Geisteswissenschaften eingewandert. Traditionell sprach man von „Tugenden“.

äußert sich darin, dass er das Verlorene sucht. Der lebendige Gott nimmt es selbst auf sich, die durch den Sündenfall zerstörte Beziehung des Menschen zu seinem Schöpfer wieder herzustellen. Das Heilshandeln Gottes an seinem Volk ist damit Ausdruck seiner Gerechtigkeit.

Die Geburt Jesu, sein Leben und insbesondere sein Martyrium entsprechen als Heilshandeln Gottes dieser Gerechtigkeit. Gott eröffnet den Zugang zu seinem Herzen allein aus Gnaden, ohne Leistung und Zutun des Menschen. Diese Rechtfertigung des Sünders ist damit Konsequenz der Gerechtigkeit Gottes: „Gerechtigkeit bezeichnet danach im NT nicht zuerst die Tugend der Gerechtigkeit im Sinne der griechischen Ethik, sondern in der Folge der alttestamentlichen-jüdischen Begriffs-Geschichte das Gerechtsein und -tun Gottes und des Menschen im Verhältnis zueinander. Wie der Gegenbegriff ‚Ungerechtigkeit' die Sünde und Gottlosigkeit des gefallen Menschen bezeichnet (Röm 1,18; 3,45), so wird Gerechtigkeit besonders bei Paulus zum Ausdruck des Heilshandelns und der Heilsgabe Gottes (Röm 5,17; 9,30) und des darin begründeten Gerechtseins des Menschen (Röm 4,5 f.; 5,19; Phil 3)" (Kertelge 1995, Sp. 501).

Es wäre jedoch verkürzend, den biblischen Gerechtigkeitsbegriff allein auf die Rechtfertigung des Sünders zu beschränken. Das „Tun des Gerechten" als Tugend findet sich ebenfalls in zahlreichen Schriftstellen. Gott wird als gerechter Richter beschrieben, der den Armen, Schwachen und Hilflosen Recht schafft (z.B. 2. Sam 4,11; 1. Kön 8,32). Der Schutz, den Gott den Witwen und Waisen verleiht, entspricht seiner Gerechtigkeit, die auch ein bedeutendes Attribut des kommenden Messias sowie des Reiches Gottes im letzten Äon sein wird (Jes 9,6; 11,4; Jer 23,5; 33,15).

Gottes Gerechtigkeit verpflichtet seine Nachfolgenden. Deshalb wird den Führungskräften die Gleichheit vor dem Gesetz aufgetragen (Ex 23,6–9; Lev 19,15; Dtn 1,16; 16,18–20; 2. Sam 8,15; 23,3; 1. Kön 10,9), die natürlich vor allem einen Schutz für die Schwachen impliziert. Überhaupt ist die Gerechtigkeit des Alten Testaments stets eine

Gerechtigkeit für die Hilflosen. Gott selbst will darüber wachen, dass ihnen keine Ungerechtigkeit geschieht.

Besonders eindrücklich ist dies beim Propheten Amos. Er verkündigt den Reichen und Mächtigen, dass Gott „daherfahre über das Haus Josef wie ein verzehrendes Feuer, das niemand löschen kann", da sie „Recht in Wermut verkehrt und die Gerechtigkeit zu Boden" gestoßen haben (Am 5,6–7). Gott gibt sich nicht mit einem Kultus zufrieden, sondern fordert Gerechtigkeit für alle, eine Sozialordnung, in der „Recht wie Wasser und die Gerechtigkeit wie ein nie versiegender Bach" strömen (V. 24). Das große Thema des Amos war der Mißbrauch der Macht (Hubbard 1989, S. 142), weil die Führungskräfte seiner Zeit „die Gerechten um Geld und die Armen um ein paar Schuhe verkaufen. Sie treten den Kopf der Armen in den Kot und hindern den Weg der Elenden" (Am 2,6–7). Arme wurden wie Sklaven gehalten, das Recht der Unterdrückten verdreht, sie wurden sexuell missbraucht (Am 2,7), „die Macht wurde benutzt, um zu manipulieren, zu beherrschen, zu vernichten" (Foster 2000, S. 182).

Besonders eindrücklich sind auch die Mahnworte des Propheten an die Kaufleute und Unternehmer: „Höret, die ihr den Armen unterdrückt, und die Elenden im Lande verderbt und sprecht: Wann will denn der Neumond ein Ende haben, dass wir Getreide verkaufen, und der Sabbat, das wir Korn feilhalten mögen, und das Maß verringern und den Preis steigern, und die Wage fälschen; auf dass wir die Armen um Geld und die Geringen um ein paar Schuhe unter uns bringen, und Spreu für Korn verkaufen?" (Am 8,4–6). Viele Zeitgenossen des Amos glaubten, geschäftlicher Erfolg sei ein Zeichen für den Segen Gottes. Amos hingegen zeigt auf, dass der Reichtum und der Erfolg der israelitischen Elite ein Ergebnis von Ungerechtigkeit und Unterdrückung war, die Gott nicht akzeptieren, geschweige denn segnen konnte. Die Händler wollten lieber Gewinne machen, statt die vorgeschriebenen Festtage (Neumond, Sabbat) halten, an denen nicht gehandelt werden durfte. Maßeinheiten wurden verändert, Getreide gestreckt. Das

Handelsrecht, das im Tor gesprochen wurde, wurde gedehnt und mißbraucht (Am 5,10–12). Ein System des „unproduktiven Kapitalismus“ (Bobek 1959, S. 258–297) mit einer städtischen Elite und abhängigen Armen war nicht die Gesellschaftsstruktur, die Gott für sein Volk vorsah. Gott wollte nicht frommen Kultus, sondern soziale Gerechtigkeit: „Unparteilichkeit vor Gericht, Gleichheit im Handel, Gerechtigkeit für die Armen und Unterdrückten“ (Foster 2000, S. 187). Deshalb wurde Amos zu einem Propheten des Gerichtes (Am 7; 9,1–10), aber auch der Hoffnung auf Gottes Eingreifen zu Gunsten der Armen und Unterdrückten (Am 9,11–15).

Ähnliche Aufrufe zur Gerechtigkeit wie bei Amos finden sich in den Schriften des Alten Testaments in großer Zahl (z.B. Spr 21,3; Jes 1,21–26; 5,7; Jer 9,22–23; 22,13). Gerechtigkeit erscheint im Alten Testament deshalb sehr breit, da sie grundsätzlich den Schutz der Schwachen impliziert. Da die meisten Gebote mit dieser Intention eingesetzt wurden, bedeutet Gerechtigkeit stets die Einhaltung der Gebote Gottes. „Wenn nun einer gerecht ist und Recht und Gerechtigkeit übt, [...] der niemand bedrückt, der dem Schuldner sein Pfand zurückgibt und niemand etwas mit Gewalt nimmt, der mit dem Hungrigen sein Brot teilt und den Nackten kleidet, der nicht auf Zinsen gibt und keinen Aufschlag nimmt, der seine Hand von Unrecht zurückhält und rechtes Urteil fällt unter den Leuten, der nach meinen Gesetzen lebt und meine Gebote hält, dass er danach tut: das ist ein Gerechter, der soll das Leben behalten, spricht Gott der HERR“ (Ez 18,5–9). Gerechtigkeit ist damit auch Ausdruck der Liebe, der Barmherzigkeit und Wohltätigkeit (Spr 21,21; Jer 9,23; Hos 2,21; 12,7; Sach 7,9).

Im Neuen Testament findet sich der Konflikt zwischen einer formalen, auf die Einhaltung der Tora begrenzten Gerechtigkeit und der auf den Schutz des Lebens und der Hilflosen ausgerichteten Gerechtigkeit. Jesus weist die Forderung der Pharisäer nach einer buchstabengetreuen Einhaltung des mosaischen Gesetzes zurück und fordert eine Gerechtigkeit für die Armen und Schwachen (Hossfeld

1995, Sp. 501; vgl. Mk 2,23–3,6; Mt 12,1–14; Lk 6,1–11). In den Seligpreisungen der Bergpredigt (Mt 5,3–11) erwähnt er ausschließlich die Gerechtigkeit zweimal (V. 6, V. 10) und gibt ihr damit den höchsten Rang. In seiner Lehre erscheinen Nächstenliebe und Gerechtigkeit annähernd inhaltsgleich, da sich Gerechtigkeit in der Liebe zum Hilflosen und Schwachen zeigen muss.

In den weiteren Schriften des Neuen Testaments begegnet uns die Gerechtigkeit in vielfältiger Weise. Auch Paulus, der ausführlich über die Rechtfertigung und die Gerechtigkeit des Sünders vor Gott schreibt, kennt die Gerechtigkeit als Auftrag an die Gläubigen. Deshalb fordert er sie auf, über sie zu philosophieren (Phil 4,8), ihr „nachzujagen" (1. Tim 6,11; 2. Tim 2,22).

Diakonische Unternehmen sind deshalb aufgefordert, Gerechtigkeit in ihrem Handeln zu praktizieren. Sie müssen sich in ihren Entscheidungen und in ihrer politischen Tätigkeit dafür einsetzen, dass die Distribution der knappen Ressourcen in unserem Land und weltweit gerechter wird. Die Umsetzung dieser Forderung ist jedoch schwierig, da unterschiedliche Modelle der Gerechtigkeit miteinander konkurrieren und letztlich nicht versöhnbar sind (Lachmann 1995a, S. 119–125; 1997b, S. 181–183): Die Bedarfsgerechtigkeit, die egalitäre Verteilung und die Leistungsgerechtigkeit.

Die Bedarfsgerechtigkeit kann allgemein in dem Satz: „Jedem das, was er braucht" beschrieben werden. Sie analysiert zuerst den Bedarf der Menschen. Anschließend weist sie jedem soviel zu, wie er zur Deckung seines Bedarfs benötigt. Die diakonische Praxis verfolgt oftmals diesen Ansatz, denn es erscheint als Ausdruck der Nächstenliebe, jedem das zu geben, was er benötigt. Die Ausrichtung an der Bedarfsgerechtigkeit ist jedoch aus mehreren Gründen problematisch.

Erstens müsste es eine Instanz geben, die allwissend die Bedürfnisse und den Bedarf der Menschen kennt und bewertet. Welche Bedürfnisse bzw. welcher Bedarf sind legitim, welche sollten nicht erfüllt werden? Ist beispielsweise das Bedürfnis eines Alkoholikers nach seiner Droge in der bedarfsgerechten Verteilung des Bruttosozialproduktes zu berücksichtigen, oder sollte eine übergeordnete Autorität entscheiden, dass dieses ihm wichtige Bedürfnis nicht gestillt werden sollte?

Zweitens ist „in einer von Knappheiten gekennzeichneten Welt eine vollständige Befriedigung aller Bedarfe im Sinne der Formel ‚Jedem das Seine' unerreichbar" (Bremer 1996, S. 144). Solange im mittleren Äon die Begrenztheit der Güter auf die Unbegrenztheit der Bedürfnisse und Bedarfe trifft, muss eine höhere Instanz die Ansprüche gewichten und erfüllbare von unerfüllbaren trennen. Es ist nicht auszuschließen, dass gerade solche Bedürfnisse bzw. Bedarfe nicht befriedigt werden, die von dem Individuum als besonders wichtig erachtet werden. Alternativ könnten die Individuen ihre Bedürfnisse nach Wichtigkeit ordnen, was zum einen für viele Menschen eine Überforderung darstellen würde, zum anderen den egoistischen Bedürfnissen einiger Individuen Vorschub leisten dürfte. Anschließend bräuchte man Mechanismen, um die geordneten Ansprüche der Menschen miteinander abzugleichen.

Schließlich würde eine bedarfsgerechte Verteilung dazu führen, dass Menschen das für sie Nötige erhalten, unabhängig ob sie sich dafür anstrengen oder nicht. Leistung, und damit die Entfaltung der Persönlichkeit in Kreativität und Erfolg, würden eingeschränkt, wenn nicht verhindert. Dies ist nicht nur aus Sicht eines wirtschaftlichen Wachstums, sondern vor allem aus biblischer Perspektive ein schwerwiegender Nachteil. Der Mensch ist gemäß Genesis 1–2 wie sein Schöpfer mit Kreativität und Handlungswille ausgestattet. In einer Gesellschaft, in der die Zuteilung der Mittel allein von den Bedürfnissen abhängt, wird Kreativität bestraft.

Die letzte Aussage trifft auch auf die zweite Verteilungsregel zu. Egalität bedeutet, dass jeder das Gleiche erhält, unabhängig von seiner Leistung oder seinen Bedürfnissen. Zum Teil lässt sich diese Gleichbehandlung biblisch begründen. Da alle Menschen Gottes Ebenbilder sind und deshalb in ihrem Wert und ihrer Würde gleich sind, liegt eine Gleichbehandlung bei der Güterverteilung nahe (Rich 1991, S. 203). Die Unterscheidung in Reich und Arm, Stark und Schwach, Gesund und Krank, Abhängig und Autonom etc. widerspricht dieser Vorstellung. Die Gleichheit des Menschen zeigt sich auch in dem radialen Gebot der Feindesliebe. Wir sind berufen, keine Unterschiede zu machen, für unsere Feinde zu beten und sie zu lieben, denn Gott „lässt seine Sonne aufgehen über die Bösen und die Guten und lässt regnen für Gerechte und Ungerechte" (Mt 5,45). Diese Egalität war die Grundlage der jungen Gemeinde, bei der alle alles miteinander teilten und keiner danach fragte, ob es ursprünglich sein Eigentum gewesen wäre (Apg 4,32–37). Der Apostel Paulus begründet dies darin, dass es „kein Ansehen der Person vor Gott" (Röm 2,11; Eph 6,9) gebe, weshalb auch unter den Christen eine absolute Egalität herrschen sollte. Nicht einmal die Unterschiede der Herkunft sollten eine Rolle spielen: „Hier ist nicht Jude noch Grieche, hier ist nicht Sklave noch Freier, hier ist nicht Mann noch Frau; denn ihr seid allesamt einer in Christus Jesus" (Gal 3,28). Das Christentum hat deshalb eine tiefe und umfassende „Affinität zur Gleichheit" (Rich 1991, S. 204).

Der Gleichheit steht allerdings entgegen, dass Gott den Menschen als Individuum mit großer Unterschiedlichkeit geschaffen hat. Gott schuf den Menschen als „Mann und Weib" (Gen 1,27), d.h., sie „sind in ihrer Gleichheit keine unterschiedslosen Individuen, keine massenhaften Gesellschaftsatome, sondern unverwechselbare Individualitäten, will sagen gerade in ihrer Verschiedenheit zur gleichen personalen Gemeinschaft in der Ich-Du/Wir-Beziehung und der sie umgreifenden Gesellschaft mit ihren Institutionen berufen" (Rich 1991, S. 204). Die Individualität des Menschen impliziert, dass sie eigenständige Personen sind, begabt mit einem freien Willen. Freiheit ist damit Teil der Schöpfungsordnung Gottes, und Freiheit zu unterschiedlichen Entwicklungen führt automatisch zu Unterschiedlichkeit.

Das christliche Gerechtigkeitsverständnis kann deshalb nicht einseitig die Gleichheit aller Menschen betonen, denn „das Geheimnis der christlichen Gerechtigkeitsidee ist nicht die Gleichheit, sondern die Verbindung der Gleichheit mit der Ungleichheit" (Brunner 1943, S. 46). Jeder Mensch ist „eine einmalige Person vor Gott [...] mit je einmaliger Begabungskonstellation, sozialer und kultureller Konditionierung und je einmaliger Lebensgeschichte. Gerechtigkeit ist jene religiöse Verhaltensweise, die das bedingungslos anerkennt und zur Grundlage des mitmenschlichen Verhältnisses macht" (Langhorst 1995, S. 503). Eine einseitige Forderung nach absoluter Gleichmacherei widerspricht damit dem christlichen Menschenbild.

Auf der anderen Seite muss jedoch noch einmal betont werden, dass die Imago Dei unabkömmliche Rechte impliziert, die durch keine Leistung erhöht und auch nicht durch den Verzicht auf Leistung entäußert werden können. Sie umfassen das Recht auf Leben, das Recht auf Gleichheit vor dem Gesetz sowie das Recht der Religionsausübung. Für diakonische Unternehmen ist hier besonders wichtig, eine „Ethik des Überlebens" (Müller 1993, Sp. 246) zu definieren. Sie müssen sich für das uneingeschränkte Lebensrecht jedes Ebenbildes Gottes einsetzen, unabhängig von dessen Leistung oder Sozialproduktsanteils. Eine egalitäre Verteilung ist jedoch nicht aus der Imago Dei ableitbar.

In der Praxis wird sich dies einerseits darin äußern, dass Christen sich für eine Startchancengleichheit (Lachmann 1995a, S. 123–124; Bremer 1996, S. 144–145) einsetzen, die jedem Kind eine faire Chance auf eine seinen Anlagen und Neigungen entsprechenden Entwicklung ermöglicht. Kinderarmut steht dieser Startchancengerechtigkeit diametral entgegen. Im Alter des Erwachsenen muss jedoch die Achtung vor dessen freiem Willen eine Gleichmacherei unterbinden. Ein Erwachsener muss das Recht haben, intensiv oder weniger intensiv zu arbeiten, zu konsumieren oder zu sparen, Risiken einzugehen oder risikoscheu zu handeln – und die Ergebnisse dieses Handelns in seinem Leben zu tragen. Entsprechend wird sich der Wohlstand in einer freien Gesellschaft nicht egalitär auf alle Individuen verteilen, sondern fleißige, sparsame und risikofreudige Menschen werden tendenziell einen größeren Wohlstand haben als ihre Mitmenschen. Diese Ungleichverteilung findet ihre Grenze dort, wo das Lebensrecht des Individuums oder seiner Angehörigen bedroht ist. Ein freier Mensch hat das biblisch begründete Recht, sein komplettes Einkommen zu konsumieren und nichts zu sparen. Er wird die Folgen dieses Handelns später tragen müssen. Sollte er jedoch durch diese Planlosigkeit später zu verhungern drohen, sind Christen zur Hilfe gefordert.

Die Diakonie würde sich nicht nur überheben, sondern geradezu dem biblischen Zeugnis entgegen handeln, wenn sie eine egalitäre Verteilung der nationalen wie internationalen Ressourcen erstreben würde. Es gilt, ungleiche Verteilungen zu akzeptieren, solange die Startchancen von Kindern und die Überlebenschancen von Erwachsenen nicht gefährdet werden. Wie später noch gezeigt wird, müssen diakonische Unternehmen deshalb primär die Armut bekämpfen.

Die dritte Gerechtigkeitsregel ist die Leistungsgerechtigkeit. Jeder erhält soviel, wie es seiner Leistung entspricht. Ein generelles Leistungsprinzip kann aus der Bibel nicht abgeleitet werden, obwohl beispielsweise im Gleichnis von den anvertrauten Pfunden die Leistung der Knechte durchaus belohnt wird. Die Kirche hat stets betont, dass auch Gewinn und Eigentum letztlich dem Menschen zu dienen haben (Prien 1992). Eine Ungleichheit des Einkommens und Vermögens kann nur akzeptiert werden, wenn sie letztlich den Ärmsten hilft. Dies entspricht der Gerechtigkeitstheorie von Rawls (1972), die die Ungleichverteilung für die Schwachen in Dienst nimmt.

Rawls (1972) hat das Verhältnis von Gleichheit und Ungleichheit ausführlich diskutiert. Sein Kernsatz lautet: Solange eine Ungleichverteilung zu einer Besserstellung der Schwächsten führt, ist diese Ungleichheit zu akzeptieren. Dieser schwierige Satz soll anhand von einem Beispiel erläutert werden. Tabelle 3 zeigt die Einkommensverteilung von drei Personen in verschiedenen Jahren.

Person	1990	1995	2000	2005
A	300	330	100	300
B	300	600	800	300
C	300	900	1200	1200

Tabelle 3: Einkommen von Personen A, B, C

Im Jahre 1990 hatten alle drei Personen das gleiche Einkommen (300 Euro), d.h., auch der Durchschnitt lag bei 300 Euro. Bis zum Jahre 1995 stieg der Durchschnitt auf 610 Euro an, wobei die drei Personen unterschiedlich stark davon profitierten. Person C verdreifachte ihr Einkommen, Person B verdoppelte es und Person A hatte nur eine Steigerung um 10 %. Die Verteilung wurde ungleicher, aber allen ging es besser.

Bis zum Jahr 2000 stieg das Einkommen noch einmal. Im Durchschnitt liegt es jetzt bei 700 Euro, jedoch sank das Einkommen des Ärmsten auf ein Drittel seines ursprünglichen Wertes. Seine Situation hat sich nicht nur relativ zu den anderen beiden Personen, sondern absolut gegenüber der Ausgangslage (1990) verschlechtert. Nach Rawls rechtfertigt ein steigender Durchschnitt nicht die absolute Schlechterstellung des Ärmsten.

Das Jahr 2005 stellt einen Grenzfall dar. Das Einkommen der Personen A und B hat sich gegenüber 1990 nicht verändert, jedoch das Einkommen von Person C. Der Durchschnitt stieg ebenfalls von 300 auf 600 Euro. Allerdings führt die zunehmende Ungleichheit dazu, dass diese Situation als ungerecht empfunden wird. Nach Rawls führt der Übergang von 1990 bis 1995 zu einer akzeptablen Ungleichverteilung, weil auch der Ärmste davon profitiert. Alle weiteren Entwicklungen sind als ungerecht abzulehnen, und zwar auch dann, wenn das zunehmende Einkommen von Person C nicht auf Ausbeutung oder Unterdrückung beruhen, sondern auf dessen Leistung.

Rawls formulierte seine Gerechtigkeitstheorie bewusst ohne religiöse Bezüge, sein Prinzip entspricht jedoch dem biblischen Grundsatz, dass die Leistung des Individuums stets dem Wohl der Mitmenschen dienen solle. Leistung soll gefördert werden und sie soll sich lohnen, wenn dies (langfristig) zur Verbesserung der Situation aller beiträgt. Aus diesem Gedanken entstand die moderne Nationalökonomik, die Lehre vom rationalen Umgang mit knappen Mitteln. Als Gründer dieser Wissenschaft gilt weithin der englische Moralphilosoph Adam Smith. In seinem ersten bedeutenden Werk „Theory of Moral Sentiments" von 1759 stellt er Forderungen an den Umgang der Menschen, die er mit den Begriffen Mitgefühl, Sympathie und Hingabe beschreibt. Während seines restlichen Forscherlebens trachtete er nach Wegen, wie er dies in die Praxis umsetzen könnte. Sein primäres Ziel war die Bekämpfung der Armut in England. Sein Forschungsergebnis, das er 1776 in seinem Hauptwerk „Wealth of Nations" darlegte, überraschte viele und verwundert manche bis heute: Die Ziele der Ethik lassen sich am besten in Form der Ökonomie zur Geltung bringen, eine freie Marktwirtschaft wird schließlich dazu führen, dass alle besser gestellt sind (Homann & Blome-Drees 1992, S. 20).

Smith erstrebte die Erhöhung des durchschnittlichen Einkommens, so dass langfristig auch der Ärmste ein besseres Leben haben könnte. Er war bereit, kurzfristig Armut zu akzeptieren, weil langfristig die Segnungen des Marktes bis zu den Ärmsten vordringen würden. Er sah zwar, dass der freie Markt eine Einkommensverteilung entstehen ließ, die mit unseren Vorstellungen von Humanität nicht zu vereinbaren ist. Aber er erkannte auch, dass Markteingriffe leistungsmindernd wirken, so dass unter Umständen nach einer Umverteilung die Ärmsten schlechter gestellt sind als vorher (vgl. Okun 1975, S. 90–91; Homann & Blome-Drees 1992, S. 62; Gaertner 1994, S. 31–52). Smith löste den Konflikt dadurch, dass er Wirtschaftswachstum durch die freie Marktwirtschaft zu sichern suchte, und die „sympathy" als Ergänzung zur marktlichen Ordnung forderte (Smith 1759/1977, S. 1), was er jedoch dem „humanitären Empfinden des Einzelnen überlassen" wollte (Schöpf 1984, S. 106).

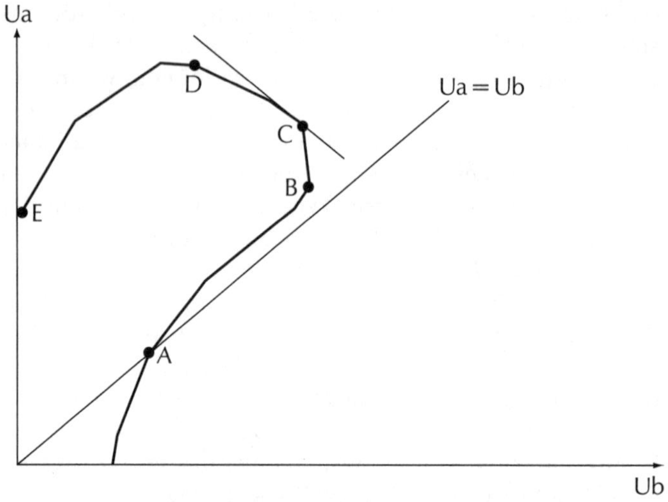

Abbildung 4: Unterschiedliche Verteilungen

Wir haben damit das Problem, dass verschiedene Verteilungen miteinander darum ringen, welche nun gerecht sei. Abbildung 4 zeigt dies.

Der Punkt E repräsentiert den unrealistischen Fall, dass das komplette Einkommen ausschließlich Person A zufällt, während Person B nichts erhält. Der Nutzen von Person A (Ua) ist dementsprechend größer Null, der Nutzen von Person B (Ub) gleich Null. Dieser Zustand würde in der Realität dazu führen, dass Person B mit Gewalt Anteil an dem Güterbündel sucht, so dass Person A sich verteidigen muss und einen Teil seines Einkommens zum Schutz gegen Person B aufwenden muss. Deshalb ist es besser (effizient!), wenn Person B ein Einkommen erhält und Person A weniger für seine Verteidigung aufwenden muss. Dies zeigt sich in der Bewegung von Punkt E nach Punkt D. Hier haben beide etwas davon: B erhält ein Einkommen, und sogar der Nutzen von Person A steigt. In Punkt D ist ein Optimum erreicht. Ab hier kann Person B nur dann ihren Nutzen steigern, wenn Person A auf einen Teil seines Einkommens (und damit seines Nutzens) verzichtet. Der

Punkt D symbolisiert ein sogenanntes Pareto-Optimum. Die Werte zwischen D und B sind alle Pareto-optimal.

Die Volkswirtschaftslehre versucht in der Regel, die Summe der Nutzen zu maximieren, d.h., $U_a + U_b \rightarrow Max!$ Dieses Nutzenmaximum symbolisiert der Punkt C. Da die Nutzensumme maximal ist, ist auch der durchschnittliche Nutzen maximal. Bei keiner anderen Verteilung stehen den Menschen mehr Güter zur Verfügung als hier. Man beachte allerdings, dass die Maximierung des Durchschnittsnutzens nicht zu einer Gleichverteilung führt!

Der Punkt B ist auch Pareto-optimal, d.h., es tritt keine Verschwendung von Ressourcen auf. Er repräsentiert die bestmögliche Versorgung von Person B. Einen höheren Nutzen kann sie bei keiner anderen Verteilung erreichen. Nach Rawls ist dieser Punkt gegenüber der Gleichverteilung (Punkt A) empfehlenswert, da sowohl Person A als auch Person B einen höheren Nutzen davon haben.

Die Abbildung zeigt, dass der Punkt der maximalen Nutzensumme (Punkt C) sowie der Punkt der Bestversorgung des Schwächeren (Punkt B) relativ nahe beieinander liegen. Tatsächlich würde man in dieser Situation eher eine Maximierung des Durchschnitts erstreben als eine Gleichverteilung, weil sie auf jeden Fall sowohl A als auch B ein besseres Leben gewähren.

Zusammenfassend kann man festhalten, dass Gerechtigkeit ein fundamentaler christlicher Wert ist. Diakonische Unternehmen müssen sich an diesem Wert ausrichten. Gerechtigkeit bleibt jedoch wiederum auf der Ebene eines grundlegenden Prinzips und kann nicht als operationales Ziel Verwendung finden. Es ist nicht möglich, betriebliche Entscheidungsregeln allein auf die Gerechtigkeit zu gründen. Die Begründung hierfür ist ähnlich wie bei der Nächstenliebe.

Die Gerechtigkeit ist erstens eine Utopie, die in der Interimszeit zwischen Sündenfall und Wiederkunft Christi nicht erreicht werden kann. Die widersprüchlichen Gerechtigkeitsdefinitionen können niemals endgültig miteinander versöhnt werden (Bremer 1996, S. 135–138), Gerechtigkeit ist immer partielle Gerechtigkeit, ein Kompromiss zwischen Anspruchsgruppen, die nach Gerechtigkeit verlangen. Gottes Anspruch an die Gerechtigkeit ist hingegen radikal (Bremer 1996, S. 139–140). Es entspricht deshalb der Realität der gefallenen Welt, dass immer ein „Hungern und Dürsten nach Gerechtigkeit" (Mt 5,6) vorhanden sein wird. Ein konsistentes Zielsystem lässt sich hieraus nicht ableiten.

Zweitens ist die Gerechtigkeit als betriebliche Entscheidungsregel unbrauchbar, da sie in der Regel intentionistisch definiert wird. Sie betrifft meist mehr das Motiv einer Handlung als deren Ergebnis. Deutlich wird dies in der Kritik Jesu an den Pharisäern. Das Ergebnis ihrer Handlung war durchaus bemerkenswert, jedoch nicht ihr Motiv (Mt 5,20). Jesus fordert die uneingeschränkte Hingabe, also auch Herz und Motiv. Wie schon bei der Liebe ist auch hier das Motiv – drittens – nicht mess- und bewertbar. Deshalb schließt Lachmann, dass „es sich bei dem Gerechtigkeitsbegriff um keine eindeutig operationalisierbare Größe handelt, aus der Maßnahmen abgeleitet werden könnten" (1995a, S. 125).

Zusammenfassend kann man sagen, dass weder die Nächstenliebe noch die Gerechtigkeit als konkrete Ziele für das tägliche Handeln eines Unternehmens geeignet sind. Sie sind verbindliche Werte, die jedoch nicht unmittelbar in Handlungsanweisungen übertragen werden können. Es ist die Aufgabe der diakonischen Unternehmensführung, Ziele zu formulieren, die sowohl den hier beschriebenen Werten entsprechen, als auch verlässliche Entscheidungsregeln für den Alltag gewähren.

Die kurz skizzierten Grundlagen des Wertesystems diakonischer Unternehmen sind für alle betrieblichen Sphären verpflichtend (vgl. auch Klostermann 1997). Die Wahl des Führungsstiles, der Rechtsform und der Finanzierung müssen ihr ebenso entsprechen wie die Einstellungskriterien. Diese Aspekte sind von den oben genannten Autoren, insbesondere von A. Jäger und seinen Schülern, ausführlich diskutiert worden. Im Folgenden soll aufgezeigt werden, wie die Leistungsprogrammplanung und insbesondere die

Wahl der Klientenzielgruppen diesen Werten entsprechen kann. Hierzu wird zuerst die Ausrichtung auf die Armen als primäre Zielgruppe diakonischer Arbeit biblisch begründet, anschließend werden konkrete Ziele für diese Arbeit definiert.

2.2 Oberziel Armutsorientierung

2.2.1 Existentielle Bedürfnisse und Vulnerabilität

In seiner Endzeitrede (Mt 25,31–46) nennt Jesus einige Zielgruppen diakonischer Tätigkeit: „Denn ich bin *hungrig* gewesen, und ihr habt mir zu essen gegeben. Ich bin *durstig* gewesen, und ihr habt mir zu trinken gegeben. Ich bin ein *Fremder* gewesen, und ihr habt mich aufgenommen. Ich bin *nackt* gewesen, und ihr habt mich gekleidet. Ich bin *krank* gewesen, und ihr habt mich besucht. Ich bin im *Gefängnis* gewesen, und ihr seid zu mir gekommen" (V. 35–36). Es wäre sicherlich verfehlt, diese Liste als exklusive Aufzählung zu verstehen. Selbst zur Zeit Jesu gab es noch viele Zielgruppen, die hier nicht genannt werden. Jesus kümmerte sich um Blinde, Ausgeschlossene, Besessene etc. Ihnen allen war gemeinsam, dass sie nicht in der Lage waren, sich selbständig aus ihrer Notlage zu befreien. Sie hatten keinen Einfluss auf politische und wirtschaftliche Entscheidungen, selbst wenn sie davon betroffen waren. Sie waren marginalisiert. Das primäre Kriterium, das über die Zugehörigkeit zur Zielgruppe diakonischen Handelns entscheidet, ist folglich Hilflosigkeit, Schutzlosigkeit und Verletzlichkeit.

Im folgenden sollen die Begriffe „Schutzlosigkeit", „Hilflosigkeit" bzw. „Verletzlichkeit" durch den Term „Vulnerabilität" beschrieben werden. Ein Mensch ist vulnerabil, wenn er Gefahren nicht aus eigener Kraft abwehren kann, so dass er die bedrohlichen Konsequenzen aushalten muss. So war beispielsweise ein Fremder zur Zeit Jesu schutzlos, da er auf keine Volkssolidarität hoffen konnte. Jede Gefahr konnte seinen Tod bedeuten. Die hereinbrechende Nacht konnte ihn zum Freiwild werden lassen, wenn es ihm nicht gelang, rechtzeitig Schutz in einer Herberge zu finden.

Vulnerabilität impliziert, dass eine Person nicht in der Lage ist, ihre Bedürfnisse selbst zu befriedigen. Der Hungernde kann sein Bedürfnis nach Nahrung nicht selbständig stillen, deshalb hungert er. Der Durstige hat keinen Zugang zu sauberem Wasser, weil er sich dieses entweder nicht leisten kann oder weil ihm die Kraft fehlt, bis zur Quelle zu gelangen. Der Nackte hat ein Bedürfnis nach Privatsphäre, doch ist er selbst nicht in der Lage, Kleidung zu beschaffen. Der Gefangene hat ein Bedürfnis nach jemanden, der zu ihm hält, aber er kann von sich aus nichts unternehmen, um dieses Bedürfnis zu befriedigen. Jemand muss kommen. Man könnte die Liste fortsetzen: Die Zielgruppe der Diakonie sind Menschen, die nicht in der Lage sind, ihre Bedürfnisse selbständig zu stillen. Sie brauchen Hilfe, sie benötigen Diakonie.

Die Anknüpfung der Zielgruppe diakonischen Handelns an die Bedürfnisse erfordert eine genauere Definition dieses Begriffes. Vor allem wird es nötig, Bedürfnisse zu strukturieren und – soweit möglich – zu bewerten. Dies ist ein gewagtes Unterfangen, an dem jedoch meiner Meinung nach kein Weg vorbei geht.

Bedürfnisse sind Mangelerlebnisse, von denen ein starker Impuls zur Beseitigung des Mangels ausgeht. Ein Mensch fühlt in seinem Magen, dass er Hunger hat. Der Mangel an Nahrung wird für ihn handlungsleitend, d.h., er versucht, seinem Magen Nahrungsmittel zuzuführen, er isst. Falls eine Person nicht in der Lage ist, diesen Mangel zu stillen, ist sie hilfsbedürftig. Dabei spielt es keine Rolle, ob sie sich aus finanziellen Gründen keine Nahrung leisten kann, wie dies bei einer großen Zahl der Menschen dieser Erde der Fall ist, oder ob sie beispielsweise bettlägerig ist und ohne Hilfe den Weg zum Kühlschrank nicht schafft. In beiden Fällen führt die Unfähigkeit, das eigene Bedürfnis zu stillen, zur Vulnerabilität. Falls der Hungrige über lange Zeit sein Bedürfnis nicht stillen kann, wird dies ernsthafte Konsequenzen für sein Leben haben.

Es gibt zahlreiche Versuche, Bedürfnisse zu strukturieren. Hier soll kurz die Strukturierung nach Maslow (1954) dargestellt werden. Maslow unterscheidet fünf Ebenen der Bedürfnisse. Auf unterster Ebene befinden sich die physiologischen Grundbedürfnisse. Ein Menschen benötigt Nahrung, Flüssigkeit, Kleidung und einen seiner Gesundheit zuträglichen Wohnraum. Ohne die existentiellen Grundbedürfnisse zu stillen, wird er nicht überleben. Der Mensch bedarf dieser Mittel jedoch nicht nur heute, sondern auch in Zukunft. Er wird deshalb auch danach trachten, für zukünftige Notlagen Vorsorge zu treffen. Er hat Sicherheitsbedürfnisse.

Weiterhin bestehen soziale Bedürfnisse, d.h. das Streben nach Gemeinschaft und befriedigenden Beziehungen, und Wertschätzungsbedürfnisse, d.h. das Verlangen nach Selbstachtung, nach Ansehen und Geltung bei anderen Personen sowie nach Prestige. An oberster Spitze steht für Maslow das Bedürfnis nach Selbstverwirklichung. Er definiert es so, dass ein Mensch stets danach trachtet, seine eigenen Anlagen zu entfalten, seine Vorstellungen durchzusetzen und gemäß seinen eigenen Plänen zu leben.

Die Strukturierung nach Maslow wirft die Frage auf, ob es eine Hierarchie der Bedürfnisse gibt. Ist beispielsweise die Stillung des Bedürfnisses nach Nahrung (physiologisches Grundbedürfnis) wichtiger als die Befriedigung des Bedürfnisses nach einer stabilen Partnerschaft (Wertschätzungsbedürfnis)? Maslow behauptet, dass das Sicherheitsbedürfnis erst relevant wird, wenn die physiologischen Grundbedürfnisse gedeckt sind, da es keinen Sinn mache, über die Zukunft nachzudenken, wenn man nicht einmal heute genug zum Überleben hat. Ebenso postuliert er für die anderen Bedürfnisse eine derartige Hierarchie. Ein höheres Bedürfnis wird erst handlungsleitend, wenn die unteren Bedürfnisse gestillt sind.

Die Strukturierung der Bedürfnisse nach Maslow ist für die diakonische Leistungspolitik insoweit relevant, als auch

Abbildung 5: Bedürfnispyramide nach Maslow

sie sich fragen muss, ob es nicht eine Wertigkeit der Bedürfnisse gibt. Sollte sich ein diakonisches Unternehmen primär um Menschen kümmern, deren existentielle Grundbedürfnisse nicht gestillt sind, oder sollte es sich derer annehmen, die sich ungeliebt fühlen, d.h., die niemanden haben, der ihre Wertschätzungsbedürfnisse erfüllt? Beide sind verletzlich, beide sind vulnerabil. Angesichts knapper diakonischer Ressourcen ist jedoch eine Konzentration auf das eine oder das andere nicht immer zu vermeiden. Die Antwort kann aus meiner Sicht nur lauten: *Existentielle Grundbedürfnisse gehen vor, da das Recht auf Leben ein biblisch begründetes Grundrecht ist, das eine absolut höhere Priorität hat als alles andere.* Wo das Leben eines Menschen gefährdet ist, müssen andere Bedürfnisse zurücktreten.

Die Existenz eines Bedürfnisses postuliert noch keine Vulnerabilität. Als notwendige Voraussetzung muss noch hinzutreten, dass diese Person nicht in der Lage ist, sich selbständig die Bedürfnisbefriedigung zu ermöglichen. Die Mittel, mit denen dies geschieht, sind abhängig von der Bedürfnisschicht. Physiologische Grundbedürfnisse können in einer Demokratie und Marktwirtschaft fast ausschließlich durch käufliche Güter befriedigt werden. Wer Geld hat, ist hier nicht hilflos. Wer Geld hat, um Nahrung, Kleidung, Flüssigkeit und Wohnraum zu bezahlen, benötigt deshalb auch keine Hilfe diakonischer Einrichtungen – zumindest nicht auf dieser Ebene seiner Bedürfnispyramide. Selbst die wenigen Ausnahmen von diesem Grundsatz können in der Regel mit Hilfe von Geld Kräfte am freien Markt anwerben, die ihnen helfen können. So mag eine gebrechliche Seniorin selbst nicht mehr in der Lage sein, ihre Nahrung in ihre Wohnung zu holen. Wenn sie über ausreichende monetäre Mittel verfügt, kann sie jedoch einen privaten Pflege- und Versorgungsdienst (Essen auf Rädern) beauftragen. Geld löst das Problem physiologischer Grundbedürfnisse. Hilflos und damit Zielgruppe diakonischen Handelns sind die Armen, die nicht genug Geld haben, um ihre physiologischen Grundbedürfnisse zu stillen.

Auch die Sicherheitsbedürfnisse lassen sich zum großen Teil finanziell stillen. Der Abschluss eines Versicherungsvertrages ist das klassische Instrument zur Befriedigung eines Sicherheitsbedürfnisses. Allerdings gilt auch hier, dass dieser Weg nur Menschen offen steht, die über ausreichend Einkommen verfügen, so dass sie die Versicherungsprämie bezahlen können. Armut macht unfähig, die eigenen Bedürfnisse zu stillen. Da weitere Wege der Zukunftssicherung (z.B. Aufnahme in das Beamtenverhältnis) Armen in der Regel verwehrt sind, bleiben sie vulnerabil.

Die höheren Bedürfnisse (soziale Bedürfnisse, Wertschätzungsbedürfnisse, Selbstverwirklichung) sind teilweise durch Güter stillbar, die mit Geld erworben werden können. In einem Sportverein findet man Freunde, Anerkennung und ein Stück Selbstverwirklichung. Doch kostet die Ausstattung (z.B. Sportschuhe, Uniformen, etc.) Geld, das Arme nicht haben. Wer einen Partner sucht, wird sich schön kleiden, sein Äußeres pflegen und interessante Orte aufsuchen. Ohne finanzielle Ressourcen ist dies nicht möglich. Notfalls kann sich der Partnersuchende an eine Partnervermittlung wenden – doch auch hier ist Geld eine

Grundvoraussetzung. Selbst die meisten Meditationsangebote sind für Arme nicht bezahlbar. Armut schließt folglich auch von der Befriedigung höherer Bedürfnisse aus.

Der Unterschied liegt in der Bedingungskonstellation: Während Geld für die Befriedigung physiologischer Grundbedürfnisse und der Sicherheitsbedürfnisse eine hinreichende Voraussetzung ist, sind die finanziellen Mittel für die Befriedigung der höheren Bedürfnisse nur eine notwendige, aber keine hinreichende Bedingung. Reichere Menschen können ihre existentiellen Grundbedürfnisse und die Sicherheitsbedürfnisse stillen und haben eine Voraussetzung erfüllt, ihre höheren Bedürfnisse zu befriedigen. Eine Garantie hierfür bietet Geld jedoch nicht. Arme können die ersten beiden Bedürfnisschichten nicht selbständig abdecken und haben nur sehr begrenzte Möglichkeiten, ihre höheren Bedürfnisse zu stillen.

Menschen mit ausreichenden finanziellen Ressourcen können ihre Bedürfnisse selbständig befriedigen, weil sie entweder am Markt bestehende Angebote wahrnehmen oder mit Hilfe ihrer Kaufkraft Angebote hervorrufen, die genau ihren Anforderungen entsprechen. Wer Geld hat, kann seine Bedürfnisse überwiegend selbst stillen, und zwar auch ohne Hilfe diakonischer Anbieter. Daraus kann schließlich gefolgert werden, dass die Armutsgruppen die eindeutige Zielgruppe diakonischer Unternehmen sind. Sie sind vulnerabil, sie benötigen die Dienstleistungen der Diakonie, weil sie sich anderswo keine entsprechenden Angebote leisten können. Armut und Arme sind das eigentliche Problem, mit dem sich die diakonische Leistungspolitik auseinandersetzen muss.

2.2.2 *Armut*

2.2.2.1 Definition

Die bisherigen Ausführungen zeigten, dass diakonische Unternehmen armutsorientiert sein müssen. Der Begriff der Armut ist jedoch vielschichtig, ihre Messung schwierig.

In einer modernen und freien Wirtschaft können die Definition und die Messung der Armut weitgehend anhand des Einkommens erfolgen. Ein Mensch ist dann absolut arm, wenn sein tägliches Einkommen den Betrag unterschreitet, der als Existenzminimum angesehen wird. „Mit absoluter Armut ist ein Niveau bezeichnet, unterhalb dessen die unumgänglich lebensnotwendigen Grundlagen (Essen, Kleidung und Wohnen) fehlen" (Robert Koch Institut 2001, S. 4). Menschen in absoluter Armut sind höchst vulnerabil, da sie ihre existentiellen Grundbedürfnisse nicht selbständig befriedigen können.

Absolute Armut begegnet uns vorwiegend in den Entwicklungsländern. Ein gängiges Maß für das Existenzminimum ist ein Bruttosozialprodukt von 365 US$ pro Jahr, d.h. von einem US$ pro Tag. Wer weniger als diesen Wert erreicht, gilt als absolut arm. In der Regel wird das Bruttosozialprodukt an die Kaufkraft in dem entsprechenden Land angepasst (Kaufkraftparität), da beispielsweise ein US$ in den USA eine geringere Kaufkraft hat als in Äthiopien. Es bleiben eine Reihe von schwerwiegenden statistischen Problemen, die hier nicht weiter behandelt werden können. Trotzdem muss es Christen erschrecken, wenn die UN-Konferenz für Handel und Entwicklung schätzt, dass 307 Millionen Menschen weltweit unter dieser Armutsgrenze leben und diese Zahl bis zum Jahr 2015 auf mindestens 420 Millionen ansteigen wird (UNCTAD 2002).

Seit der Einführung der Sozialhilfe ist die Zahl der Menschen, die ihre existentiellen Grundbedürfnisse nicht stillen können, in Deutschland gering. Armut erscheint vielmehr als relative Armut. „Die relative Armut bezeichnet Personen oder Familien (Haushalte), die über nur so geringe materielle, kulturelle und soziale Mittel verfügen, dass sie von der Lebensweise ausgeschlossen sind, die in der Bundesrepublik als unterste Grenze des Akzeptabel angesehen wird" (Robert Koch Institut 2001, S. 4).Wer relativ arm ist, kann zwar physisch überleben und mag im weltweiten Vergleich noch immer zu den „Glücklicheren" dieser Erde gehören; in der Gesellschaft, in der er lebt, ist er jedoch weit unter dem Durchschnitt und kann sich selbst nicht entfalten.

Die relative Armut muss einen Bezugspunkt definieren. Eine Möglichkeit besteht darin, das durchschnittliche Einkommen (relative Einkommensarmut) heranzuziehen. Relativ arm ist nach dieser Definition, wer ein Einkommen von weniger als der Hälfte des Durchschnittseinkommens erzielt. Die Definition der relativen Einkommensarmut geht davon aus, dass das Durchschnittseinkommen eines Landes den Standard definiert, an dem sich die allgemeine Lebensweise ausrichtet. Wer nicht einmal die Hälfte dieses Einkommens erreicht, wird sicherlich nicht der allgemeinen Lebensweise folgen können, er ist relativ arm.

Das folgende Beispiel soll dies verdeutlichen. Drei Länder bestehen jeweils aus 8 Personen. Das durchschnittliche Einkommen beträgt in jedem Land 1000 Euro. Die Grenze zur relativen Armut liegt folglich bei 500 Euro, d.h. der Hälfte des durchschnittlichen Einkommens. In Land A haben alle das gleiche Einkommen. Eine relative Armut besteht nicht. In Land B liegt eine Person unter der Grenze, in Land C sind dies drei Personen. Dieses Beispiel ähnelt absichtlich den Ausführungen zur Gerechtigkeit. Relative Armut ist stets eine Frage der Gerechtigkeit.

Die Ungleichverteilung von Einkommen wird in der sogenannten Lorenz-Kurve veranschaulicht. Auf der Ordinate ist die relative Bevölkerung angetragen, d.h. der Anteil an der Gesamtbevölkerung. Auf der Abszisse steht das relative Einkommen, d.h. der Anteil des entsprechenden Bevölkerungssegments am Gesamteinkommen des Landes. Die Kurve für das Land C kann derart interpretiert werden, dass ein Viertel der Bevölkerung zusammen nur 8,75 % des

Land A		Land B		Land C	
Person	Einkommen	Person	Einkommen	Person	Einkommen
1	1000	1	300	1	300
2	1000	2	600	2	400
3	1000	3	1000	3	400
4	1000	4	1000	4	1000
5	1000	5	1000	5	1000
6	1000	6	1000	6	1400
7	1000	7	1400	7	1500
8	1000	8	1700	8	2000

Tabelle 4: Einkommen dreier Länder

Einkommens hat. Die Hälfte der Bevölkerung erzielt zusammen nur 26,25 % des Gesamteinkommens, 75 % der Bevölkerung hat 56,25 % des Einkommens. Die Kurve für Land A symbolisiert eine absolute Gleichverteilung, d.h., a% der Bevölkerung bezieht auch a% des Gesamteinkommens (für $0 \leq a \leq 100$). Sie liegt genau auf der Winkelhalbierenden. Je weiter die Lorenzkurve von ihr entfernt ist, desto größer ist die Ungleichheit und desto größer ist tendenziell der Anteil der relativ armen Bevölkerung.[6]

Armut bemisst sich nicht nur am Einkommen, sie ist vielmehr ein Problem der Versorgung mit wichtigen Gütern. Deshalb kann die relative Armut auch daran gemessen werden, in wie weit eine Person am gesellschaftlichen Leben teilnehmen kann. Kriterien hierfür können Einkommen, Arbeit, Ausbildung, Gesundheit, Freizeit und Kultur

6 Der Abstand der Lorenzkurve von der Winkelhalbierenden kann mit Hilfe der Fläche zwischen den beiden Kurven gemessen werden. Je größer die Fläche, desto größer die Ungleichverteilung. Bei einer absoluten Gleichverteilung ist die Fläche null, bei einer absoluten Ungleichverteilung (d.h. eine Person bezieht alles Einkommen, alle anderen nichts) 0,5. Der im Folgenden öfters erwähnte Gini-Koeffizient berechnet sich als das Doppelte dieser Fläche. Er ist damit ein Maß der Ungleichverteilung. Bei absoluter Einkommensgleichheit ist er null, bei absoluter Ungleichheit eins.

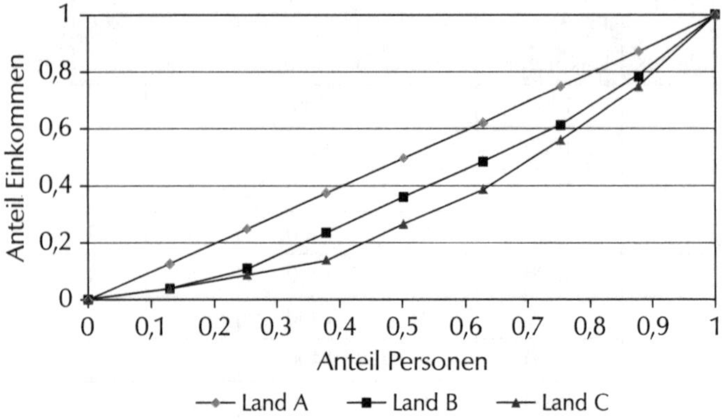

Abbildung 6: Lorenzkurven

sein. Dieser Ansatz trägt der Tatsache Rechnung, dass Armut weitreichende Auswirkungen auf alle Lebensbereiche hat. Sie impliziert eine schlechte Ernährung und ungesunde Wohnverhältnisse. Entsprechend ist die Anfälligkeit gegen Krankheiten erhöht. Armut führt zu sozialer Ausgrenzung, Stimm- und Machtlosigkeit und fehlendem Selbstvertrauen. Sie verhindert eine adäquate Schulbildung und macht die Familien besonders gefährdet für Krisen. Armut ist damit ein umfassendes, alle Lebensbereiche berührendes Phänomen.

Im Folgenden soll der Armutsbegriff relativ breit interpretiert werden. Er umfasst absolute und relative Armut, Armut in Entwicklungsländern und in Industrienationen. Er enthält die auf Geldmangel beruhende Unfähigkeit, seine eigenen Grundbedürfnisse zu befriedigen, sowie die sich daraus ergebende Konsequenz einer Ausgrenzung aus der Gesellschaft. In jedem Fall handelt es sich jedoch um materielle Armut. Von Armut sollte tatsächlich nur in diesem Zusammenhang gesprochen werden. Ein vereinsamter Top-Manager mag ein bedauernswerter Mensch sein (und er wird sicherlich der Seelsorge bedürfen!), aber er ist nicht arm im hier gebrauchten Sinn.

2.2.2.2 Theologische Reflexion

Aus der bisherigen Analyse folgt, dass Arme die primäre Zielgruppe diakonischer Unternehmen sind. Ihr biblisch begründetes Recht auf Leben wird durch Armut bedroht, und sie können ihre Bedürfnisse aus Mangel an materiellen Ressourcen nicht stillen. Dies allein würde als Begründung für eine armutsorientierte Diakonie genügen.

Darüber hinaus kann man jedoch zeigen, dass sich eine konsequente Ausrichtung an den Bedürfnissen der Armen wie ein roter Faden durch die ganze Bibel zieht. Gottes besonderer Schutz gilt ihnen, eine Tatsache, die in der Kirchengeschichte mal mehr und mal weniger erkannt wurde. Die Bedeutung der Armut für diakonische Unternehmen soll deshalb im Folgenden theologisch reflektiert werden.

Grundlagen

Relative Armut setzt die Existenz von Eigentum voraus. Falls alles jedem gehört, ist eine Ungleichverteilung der Güter unmöglich. Absolute Armut hingegen ist auch dann möglich, wenn es kein Eigentum gibt. Eine theologische Reflexion der Armut muss deshalb mit einer kurzen Diskussion des Eigentums in biblischer Sicht beginnen. Dabei wird vorausgesetzt, dass die Bibel zwar keine ausführliche Eigentumstheorie entfaltet, Grundaussagen jedoch trotzdem ableitbar sind.

Das Gebot „Du sollst nicht stehlen!" (Ex 10,25; Dtn 5,19) impliziert, dass jemand das Eigentum an einer Sache innehat. Ohne Eigentum gibt es keinen Diebstahl. Sinn und Zweck des Gebotes ist folglich der Schutz des Eigentums. Die Verfügungsgewalt über materielle Güter war im alten Israel die Grundvoraussetzung, in Freiheit und Würde leben zu können. Eigentum schützt das Lebensrecht und ermöglicht es dem Eigentümer, sich nach seinen Anlagen und Neigungen zu entfalten. „Eigentum als Recht, mit einer Sache in freier Verantwortung zu verfahren, dient dem Menschsein des Menschen" (Burkhardt 2000, S. 28). Gottes Wort schützt das Eigentum und widerspricht damit der sogenannten Okkupationstheorie, nach der am Anfang nur Gemeineigentum existiert habe und Eigentum als Akt willkürlicher Aneignung entstanden sei. Eigentum kann vielmehr durch Arbeit (z.B. Spr 10,4) oder Erbe erworben werden (z.B. Gen 13,15; 1. Kön 21,31).

Eine direkte Begründung, warum Gott das Eigentum erlaubt und schützt, ist der Bibel nicht zu entnehmen. Die Existenz von Eigentumsrechten scheint jedoch folgerichtig. Der wichtigste Aspekt ist wohl die bereits beschriebene Freiheit des Menschen zur selbstgewählten Entwicklung, die Gott seinem Geschöpf mitgibt. Diese Entwicklung bedarf in der Regel der Verfügung über Gegenstände, und zwar der verlässlichen Verfügung. Gemeineigentum kann dies nicht immer gewährleisten. Zahlreiche Autoren weisen auch auf die wohlstandsfördernde Wirkung von Eigentum hin, da der Mensch in der gefallenen Welt sich mehr um sein Eigentum als um das Gemeinwohl kümmert (z.B. Lachmann 1984). Eigentum ist somit die Grundvoraussetzung zur Überwindung der absoluten Armut. Es ist gleichzeitig die Voraussetzung für relative Armut. Der Schutz des Eigentums setzt innovative und motivierte Kräfte frei, die die Produktion einer Volkswirtschaft so stärken, dass das allgemeine Einkommensniveau, auch der Ärmsten, erhöht wird. Gleichzeitig steigt jedoch der Abstand zwischen Arm und Reich.

Die Reduktion der relativen Armut bei gleichzeitiger Existenz des Eigentums ist nur möglich, wenn das Eigentum sozialpflichtig wird. Gemäß der Bibel ist das Eigentumsrecht nie absolut, sondern immer Gott und dem Nächsten gegenüber relativ. Ein absolutes Eigentum, wie es sich beispielsweise aus der Arbeitslehre von Locke oder aus dem Property Rights Ansatz ergibt, ist der Bibel fremd. Zwei Beispiele mögen dies aufzeigen: Land konnte niemals auf alle Zeit das Eigentum eines Menschen sein, da Gott der wahre Eigentümer allen Bodens ist, die Menschen sind nur Haushalter (Gen 13,15; Jos 21,43). Schulden sollten nach einigen Jahren erlassen, abgetretenes Eigentum zurückgegeben werden (Dt 15).

Diese – wohl nie wirklich praktizierten – Forderungen würden die Verarmung und Marginalisierung eines Teils der Gesellschaft verhindern. Reichtum könnte nicht unbegrenzt akkumuliert werden, sondern müsste zumindest von Zeit zu Zeit dem Wohle der Armen dienen. Wichtig ist auch, dass die Rückgabe des Eigentums nicht ein Gnadenakt der Mächtigen an den Armen, sondern ein Gehorsamsakt gegenüber Gott war, der gesagt hat: „Es soll kein Armer unter Euch sein" (Dtn 15,4). Die Bibel bestätigt folglich das Recht auf individuelles Eigentum, stellt es jedoch in den Dienst der Gemeinschaft. Dies entspricht exakt der Forderung der sozialen Marktwirtschaft, nämlich Eigentum zu schützen und gleichzeitig als Verpflichtung zu sehen. Die soziale Marktwirtschaft wird deshalb auch als diejenige Wirtschaftsform gesehen, die dem biblischen Zeugnis am nächsten kommt (Rich 1992; Bremer 1996).

Die Entstehung von Eigentum hat grundsätzlich zwei Voraussetzungen: Erstens einen Produktionsprozess und zweitens einen Konsumverzicht. Der Produktionsprozess ist die Rekombination der Produktionsfaktoren menschliche Arbeit, Boden und Kapital. Kapital entsteht eben durch den Konsumverzicht, so dass ein Gut längerfristig zur Verfügung steht und nicht gleich wieder verbraucht wird. Der Konsumverzicht ist eine Sparhandlung und erfordert die Planung für die Zukunft. Die Bibel sagt relativ wenig über die Kapitelbildung aus, wohl auch deshalb, weil während ihrer Entstehungszeit der Anteil an Kapital (als Ergebnis des Sparprozesses) relativ gering und gegenüber dem Anteil an Arbeit unbedeutend war. Es finden sich hingegen grundlegende Aussagen über die Arbeit. In der Welt des alten Israel war Arbeit die wichtigste Grundlage zur Schaffung von Eigentum und die bedeutendste Maßnahme zur Überwindung der Armut. Es ist deshalb lohnend, kurz eine „biblische Arbeitslehre" zu beschreiben.

Gott schuf die Erde in sechs Tagen und ruhte am siebten Tag (Gen 1,1–2,4). Der Schöpfungsakt Gottes ist seine Arbeit, was im Hebräischen mit den Worten „sich abmühen, ermüden" beschrieben wird. Wenn Gott arbeitet, so ist Arbeit etwas Positives und Erstrebenswertes. Gott gibt den Auftrag zur Arbeit an die Menschen weiter, indem er sie einsetzt, den Garten Eden zu bearbeiten (Gen 2,15). Die Würde des Menschen impliziert deshalb stets das Recht auf Arbeit, auf sinnvolle, schöpferische Tätigkeit. Faulenzerei ist dem Menschen als Geschöpf des arbeitenden Gottes fremd, weder im Garten Eden noch im kommenden Paradies geht es ohne Arbeit (Mi 4,4), denn sie gehört zum Menschen, zu seiner Selbstentfaltungsfreiheit.

Die Vertreibung aus dem Paradies setzt der Arbeit allerdings neue Rahmenbedingungen. Nun soll sich der Mensch „mit Mühsal" (Gen 3,17) von seiner Arbeit nähren. Vieles wird misslingen, der Acker der Arbeit wird Dornen und Disteln tragen. In der Interimszeit zwischen Sündenfall und Wiederkunft Christi ist die Arbeit – und zwar auch die erfolglose und mühevolle – jedoch Teil des Menschen. Sie ist eine sittliche Pflicht, um sich selbst, seine Angehörigen und alle Notleidenden zu ernähren (Spr 6,6; 10,4; 1. Thess 4,1). Selbstgewählte Armut aus Faulheit wird in der Bibel ebenso verdammt (2. Thess 3,10) wie Arbeit um der Arbeit willen. Jede Arbeit soll letztlich dem Menschen dienen.

Arbeit und Eigentum werden folglich von Gott geschützt, weil sie Teil seiner Schöpfung sind. Sie sind dazu da, Armut zu bekämpfen und Gerechtigkeit zu ermöglichen. Diakonische Unternehmen sind deshalb gleichermaßen gefordert, die Sozialpflichtigkeit des Eigentums einzufordern wie die Armen zum Fleiß und zur Arbeit anzuregen.

Armutsorientierung in Bibel und Kirchengeschichte

In der Bibel finden sich zahlreiche Beispiele für eine konsequente Armutsorientierung. Im Folgenden sollen nur einige wenige ausgewählt werden, die dies verdeutlichen.

Das Alte Testament enthält zahlreiche Regelungen zum Schutz der Armen. Sie sichern nicht nur ihr physisches Überleben, d.h., sie gewähren nicht nur eine Garantie gegen absolute Armut, sondern garantieren ihre Teilhabe an essenziellen Rechten der jüdischen Volksgemeinschaft. Beispielsweise mussten die Israeliten einen Teil ihrer Ernte auf den Feldern, an den Weinstöcken und an den Olivenbäumen belassen, so dass die Armen, die Ausländer, die Witwen und Waisen zur „Nachlese“ gehen konnten (Lev 19,9–10; 23,22; Dtn 24,19–20). Individual-ökonomisch betrachtet ist dies eine unglaubliche Verschwendung, denn es musste ja das Bestreben eines Landwirtes sein, möglichst viele Früchte selbst zu ernten. Gott schützt jedoch die Vulnerabilen und ermöglicht ihnen das Überleben in der Volksgemeinschaft. Das Beispiel aus dem Buch Rut zeigt, dass dies auch tatsächlich praktiziert wurde (Rut 2,2). Boas hatte keinerlei „rationalen“ Grund hierzu, er gehorchte jedoch Gottes Gebot. Damit rettete er die Armen, gewann schließlich Rut zur Frau und wurde ein Vorfahre des Königs David.

Das Gebot der Nachlese war ein wirkungsvoller Schutz für die Armen. Vor allem zeigt es jedoch über die zeitlich begrenzte Umsetzung hinaus die Priorität Gottes auf. „Im Herzen Gottes liegt liebevolle Fürsorge für die Zerbrochenen und Verzweifelten. Durch das Gesetz der Nachlese verankerte Gott in der israelitischen Volkswirtschaft die Fürsorge für diejenigen, die benachteiligt waren, was immer auch die Gründe dafür gewesen sein mochten. Es schien fast völlig gleichgültig zu sein, ob jemand seine Armut verschuldet hatte. Die einfache Tatsache, dass ein Mensch nichts hatte, war Grund genug, ihn in seiner Not zu versorgen“ (Foster 1998, S. 32). Die Armen liegen Gott besonders am Herzen, auf sie verpflichtet er sein Volk.

Der Gedanke gnädiger Fürsorge Gottes für die Hilflosen durchzieht die ganze Bibel. So sorgt Gott dafür, dass die Armen, die nur ein Kleidungsstück besitzen, dieses am Abend auch dann wieder erhalten, wenn sie es tagsüber zum Pfand gegeben haben. Sie könnten in der kalten Nacht krank werden, deshalb muss es ihnen ungeachtet jeder ökonomischen Rationalität vor dem Abend zurückgegeben werden (Dtn 24,12–13). Witwen dürfen überhaupt nicht ihrer Kleidung entledigt werden (Dtn 24,17). Das Recht auf

Leben wurde auch durch Vorschriften geschützt, die heute in ihrer buchstäblichen Ausführung längst überholt sind. So durfte ein Mühlstein nicht zum Pfand genommen werden (Dtn 24,6), denn wie sollte ein Armer sich sonst sein Essen bereiten? Löhne mussten jeden Tag bezahlt werden, damit die Armen, die keine Rücklagen bilden konnten, jeden Tag genug zum Essen hatten (Dtn 24,14). Schließlich diente der Schutz des Sabbat (Ex 23,10–12) der Erholung und damit dem Leben der Menschen. Sogar Tiere wurden in diesen Schutz einbezogen.

In der Zusammenschau entsteht das Bild eines liebenden, gütigen Gottes, der seine ganze Wärme den Hilflosen gibt. Er verpflichtet die Habenden und Reichen, sich der Vulnerabilen anzunehmen und ihnen zu helfen. Wie wir gesehen haben, führen die Propheten diese Linie fort und rufen zur Gerechtigkeit für die Armen auf.

Auch im Neuen Testament finden sich zahlreiche Beispiele für eine konsequente Armutsorientierung. Stegemann & Stegemann (1997, S. 73–94) zeigen für das jüdische Volk zur Zeit Jesu, dass „ein enorm großer Teil der Bevölkerung unterhalb (!) der Armutsgrenze existierte" (S. 89). Bevölkerungsgruppen unterhalb des Existenzminimums werden in der Sprache des Neuen Testamentes als „Ptochoi" bezeichnet. Ihr Einkommen war so gering, dass sie ständig hungrig und durstig waren, in Baracken oder Höhlen wohnten und nur mit Fetzen gekleidet waren. Die Gehirnentwicklung der Kinder wurde verzögert. Typische Ptochoi waren Bettler, Behinderte, Witwen, Waisen, Fremde, Prostituierte, aber auch Tagelöhner und Bauern mit zu kleinen Subsistenzhöfen.

Der größte Teil der Unterschicht waren sogenannte „Penetes", d.h. relativ Arme. Sie „mussten hart arbeiten (und häufig auch ungesunde Tätigkeiten verrichten), um sich und ihre Familien mit dem Lebensnotwendigen zu versorgen. Zu den Wohlhabenden unter den kleinen Leuten gehörte jemand wohl schon, wenn er seine Familie regelmäßig mit Essen, Trinken und Kleidung unterhalten konnte und in einigermaßen annehmbaren Wohnverhältnissen lebte" (Stegemann & Stegemann 1997, S. 90). Ohne soziale Sicherung waren sie stets gefährdet, in die absolute Armut abzusteigen, sie waren vulnerabil. Etwa 90 % der Israeliten zur Zeit Jesu waren Penetes oder Ptochoi.

Jesus selbst gehörte als Bauhandwerker wohl der Schicht der relativ Armen (Penetes) an, d.h., er entstammte der Unterschicht, konnte in der Regel jedoch sein Existenzminimum decken (Stegemann & Stegemann 1997, S. 178). Mit hoher Wahrscheinlichkeit hat er jedoch Hunger und Durst persönlich erfahren. Die konsequente Armutsorientierung der Evangelien ist folglich Ausdruck des Gottes, der nicht nur Mensch geworden ist, sondern das Leid der Hungernden und Durstenden schmerzlich erfahren hat.

Der Evangelist Lukas stellt die Armutsorientierung in besonderer Weise in den Mittelpunkt seines Evangeliums. Nur bei ihm findet sich das Magnifikat, in dem Maria Gott mit den Worten lobt: „Er übt Gewalt mit seinem Arm und zerstreut, die hoffärtig sind in ihres Herzens Sinn. Er stößt die Gewaltigen vom Thron und erhebt die Niedrigen. Die Hungrigen füllt er mit Gütern und lässt die Reichen leer ausgehen" (Lk 1,51–53). Lukas beschreibt Jesus als Menschen, der in ärmlichsten Verhältnissen geboren wurde, ja sogar obdachlos war (Lk 2,7). Johannes der Täufer mahnt zum radikalen Teilen allen Besitzes (Lk 3,11). In seiner Heimatstadt bezieht Jesus die alttestamentliche Verheißung auf sich selbst, auf den Messias der Armen: „Der Geist des Herrn ist auf mir, weil er mich gesalbt hat, zu verkündigen das Evangelium den Armen; er hat mich gesandt, zu predigen den Gefangenen, dass sie frei sein sollen, und den Blinden, dass sie sehen sollen, und den Zerschlagenen, dass sie frei und ledig sein sollen, zu verkündigen das Gnadenjahr des Herrn" (Lk 4,18–19). Die Seligpreisungen der Bergpredigt (Mt 5,3–12) erlauben noch eine geistige Interpretation, Lukas hingegen macht klar, dass es um Ptochoi geht, d.h. um Menschen unterhalb des Existenzminimums: „Selig seid ihr Armen [Ptochoi!]; denn das Reich Gottes ist euer. Selig seid ihr, die ihr jetzt hungert; denn ihr sollt satt werden" (Lk 6,20–21a).

Im Gleichnis vom großen Abendmahl (Lk 14,15–24) werden die Armen eingeladen und die Habenden ausgeschlossen. Der arme Lazarus (ptochos!) erhält ewige Tröstung, während der Reiche ewige Qual erleidet (Lk 16,19–31). Die Fülle von Gleichnissen, Predigten und Berichten ist so überwältigend, dass man nicht anders kann, als von dem „Evangelium der Armen" nach Lukas zu sprechen. Lukas ermahnt seine Leser inständig, sich der Armen anzunehmen. Jede Interpretation, die Armut ihrer materiellen und existenzbedrohenden Dimension rauben möchte, scheitert an den klaren Worten des Lukas.

Auch in den anderen Schriften des Neuen Testamentes finden sich zahlreiche Textstellen, die die Nachfolgenden zur Armutsorientierung ermahnen. Ausschließlich bei Matthäus findet sich die Rede vom Weltgericht (Mt 25,31–46), in der Menschen als Zielgruppe diakonischen Handelns definiert werden, die aufgrund ihrer Armut nicht in der Lage sind, ihre eigenen Bedürfnisse zu stillen: Hungrige, Durstige, Nackte, Fremdlinge. Es war den Jüngern deshalb von Anfang an ein Anliegen, sich der Armen anzunehmen. Hierfür wurde sogar ein eigenes Amt eingerichtet (Apg 6,1–7). Das Diakonenamt diente ursprünglich der Versorgung der Witwen, einer traditionellen Armutsgruppe. Die finanziellen Ressourcen wurden durch eine urkommunistische Gütergemeinschaft gewonnen (Apg 4,32–37), in der jeder dem anderen gab, der in Not war (V. 35). Der Apostel Paulus sammelte Spenden für „die Armen unter den Heiligen zu Jerusalem" (Röm 15,26–31) und ermahnte die Korinther zum freudigen Geben (1. Kor 16,1–2; 2. Kor 8,7–14; 9,6–11).

Der biblische Befund ist so eindeutig und die innere Logik einer armutsorientierten Nachfolge so klar, dass es in der Kirchengeschichte praktisch keine Zeit gab, in der es nicht Gruppen gab, die zum Teilen mit den Armen ermahnten und/oder selbst in freiwilliger Armut lebten. So beschwört die Didache (Apostellehre) die Gläubigen der frühen Kirche: „Du sollst dich vom Bedürftigen nicht abwenden, vielmehr alles mit deinem Bruder teilen und nicht sagen, dass es dein Eigentum sei" (Didache 4:8, zitiert nach Wengst 1984). Dass die Christen diesem Rat folgten, zeigt sich unter anderem daran, dass sogar ein Gegner der jungen Gemeinde bescheinigte, dass „die gottlosen Galiläer außer ihren [Armen] auch noch die unsrigen ernähren" (Apostata, zitiert bei Foster 1998, S. 55). In dieser konsequenten Armutsorientierung waren sie zu großen Opfern bereit: „Und ist unter ihnen irgendein Armer oder Dürftiger, und sie haben keinen überflüssigen Bedarf, so fasten sie zwei bis drei Tage, damit sie den Dürftigen ihren Bedarf an Nahrung decken" (Aristides 1913, S. 51).

Im Mittelalter verschärfte sich auf Grund von Bevölkerungswachstum die Armut in Europa. Die offizielle Kirche reagierte darauf kaum. Als Konsequenz bildete sich im 11. Jahrhundert die Armutsbewegung. Ihr Anhänger wollten Christus nachfolgen und ihm, der selbst arm war, auch in seiner Armut gleich werden (imitatio Christi), um den Armen beistehen zu können. Somit entwickelten sich innerkirchliche und außerkirchliche Reformbewegungen, die insbesondere vom franziskanischen Armutsideal geprägt wurden.

Der Reformator Martin Luther hat keine explizite Wirtschaftsethik erarbeitet, wohl aber auf Grundlage seiner reformatorischen Lehre wichtige Grundaussagen über das wirtschaftliche Handeln im frühen 16. Jahrhundert getroffen. Mit der beginnenden Neuzeit änderte sich die ökonomische Ordnung Europas. Ein Anstieg der Bevölkerung und die „Entdeckung" von Kolonien mit ihren großen Goldfunden führten zu einer galoppierenden Inflation, die insbesondere die Landlosen und Kleinbauern traf. Die sozialen Gegensätze verschärften sich, da manche Händlerfamilien und die Eigentümer der entstehenden Manufakturen in dieser Zeit zu sagenhaftem Reichtum aufstiegen, während die unteren Bevölkerungsschichten Hunger litten.

Luther äußerte sich zu Wirtschaftsfragen unter anderem in den Schriften „Sermon vom Wucher" (1520), „Von Kauffshandlung und Wucher" (1524) und „An die Pfarrherren, wider den Wucher zu predigen, Vermahnung" (1539,

1540). Er prangert den zunehmenden Reichtum der Fugger ebenso an wie die Entstehung einer Kreditwirtschaft auf Basis des Zinses. Man kann allerdings davon ausgehen, dass es ihm weniger um eine sozialpolitische Strategie oder um eine generelle Überwindung der Armut, als vielmehr um das Seelenheil des Besitzenden ging. „Es geht Luther im Sinne seiner theologia crucis also darum, dass das menschliche Herz sich willig von den falschen Gütern der Welt löst in der Hoffnung auf die unsichtbaren ewigen Güter" (Prien 1992, S. 88). Eine Möglichkeit dieser „Lösung von den falschen Gütern der Welt" ist es, sein Vermögen zu spenden. Hier sieht Luther klar, „dass Gott den Menschen im Gericht nicht fragen werde, wieviel fromme Stiftungen er hinterlassen oder wie viel er zum Kirchenbau gegeben habe, sondern ob er konkret Armen in ihrer Notlage geholfen habe. Luther fordert also eine eindeutige Prävalenz diakonischer Spenden gegenüber ‚Kirchenspenden'" (Prien 1992, S. 91). Von einer konsequenten Armutsorientierung kann bei Luther nicht gesprochen werden.

Das Streben, selbst arm zu sein, um anderen in ihrer Armut zu helfen, keimte jedoch in den reformatorischen Kirchen immer wieder auf. Insbesondere die geistigen Väter der Reformbewegungen folgten diesem Ideal: George Fox lebte mit den andern Quäkern in freiwilliger Armut, um den Armen seiner Zeit großzügig helfen zu können. John Wesley, Willian Carey, Hudson Taylor. William Booth, George Williams, David Livingston, Dorothy Day und Albert Schweizer wählten die Unterstützung der Armen und Schwachen als ihren Lebensinhalt. Sie befriedigten ausschließlich ihre eigenen existentiellen Grundbedürfnisse, um anderen geistlich und körperlich helfen zu können. Diese Bewegungen blieben jedoch meist auf kleinere Gruppen beschränkt.

Ein leuchtendes Beispiel für soziale Gerechtigkeit und konsequente Armutsorientierung sind die amerikanischen Quäker des 18. Jahrhunderts. Unter der Führung des charismatischen John Woolman (1720–1772) verbannten sie die damals übliche Sklaverei aus ihren Reihen, was für viele

Quäker der Südstaaten nicht nur den finanziellen Ruin, sondern auch die Vertreibung von ihren Besitzungen bedeutete (Trueblood 1966). Da die Freigelassenen oder Entlaufenen auch im Norden oftmals bitter arm und geradezu rechtlos waren, bauten die „Freunde" (wie sie sich selbst nennen) ein Netzwerk sozialer Hilfsdienste auf. Sie wurden damit zur Heimat für Arme und Rechtlose, Unterdrückte und Ausgebeutete.

Dem deutschen Protestantismus war die Armutsfrage bis Mitte des 19. Jahrhunderts jedoch kein prioritäres Anliegen. Dies änderte sich, als die Väter der modernen Diakonie in Deutschland forderten, „die Hilfsbedürftigen und Ärmsten am ersten zu berücksichtigen" (Bodelschwingh, zitiert in Pergande 1960, S. 58). Das berühmte Plädoyer Wicherns auf dem Wittenberger Kirchentag (1848) für mehr „christlich soziale Caritas" (Talazko 1988, S. 213) führte zu einem Frühling diakonischer Tätigkeit. Gab es 1848 etwa 100 sogenannte „Rettungshäuser" für Kinder- und Jugendhilfe, verdoppelte sich die Zahl innerhalb von zwei Jahrzehnten. Die Zahl der Diakonissenmutterhäuser stieg von 1848 bis 1861 von neun auf 27, es entstanden Herbergen für Wanderarme und Arbeiterkolonien. Auch der verarmten Auswanderer nahm sich die „Innere Mission" an (Beyreuther 1983, S. 72). Man kann zweifelsohne von einer armutsorientierten Diakonie der Gründerjahre sprechen.

Es soll an dieser Stelle nicht unerwähnt bleiben, dass das erwachende soziale Engagement der Kirche und insbesondere der Bürgerschaft nicht nur altruistisch motiviert war. Es ist wohl kein Zufall, dass Wicherns Ruf zur Inneren Mission im Revolutionsjahr 1848 erschallte, in einem Jahr also, in dem der größte Teil der konservativen Protestanten den Einsturz des landesherrlichen Kirchenregimentes fürchten musste. Innere Mission erschien vielen als Möglichkeit der Restauration, ein Versuch, die verarmten Massen auf den rechten Weg der Staats- wie Kirchentreuen zu führen (Ruh 2001, S. 38–41). Auch die staatliche Armenfürsorge und hier nachweislich das staatliche Krankenhauswesen für Arme galt nicht nur der Barmherzigkeit, sondern auch dem Schutz des Staates sowie einer Peuplierungspolitik, „deren Hauptziel die Vermehrung und Erhaltung einer möglichst zahlreichen und ‚gesunden' sowie erwerbsfleißigen Untertanenschaft darstellte" (Dross & Weyer-von Schoultz 2001, S. 296). Dem steht der aufopferungsvolle Dienst zahlreicher kirchlicher Mitarbeiter gegenüber, die in der „Armenpflege" ihren Lebensinhalt fanden (z.B. Katt 1998, S. 5–17). Dem persönlichen Verzicht der Diakonissen und Diakone ist es zu einem großen Teil zu verdanken, dass viele Arme in den Städten der beginnenden Industrialisierung nicht völlig vergessen wurden. Von einer die ganze Kirche tragenden Bewegung kann allerdings kaum gesprochen werden.

Neue Impulse erhielt die Armutsorientierung durch das 2. Vatikanische Konzil. Die katholische Kirche erstrebte eine „Kirche der Armen" (Drehsen u.a 1995, S. 96) und postulierte eine „vorrangige Option für die Armen" (Justitia et Pax 1991, S. 57–63). Die südamerikanische Befreiungstheologie (Bahmann 2003) brachte „die Armen [als] Subjekt einer inneren Neustrukturierung der Kirche" (Gutiérrez 1984, zitiert nach Drehsen u.a 1995, S. 97) erneut ins christliche Bewusstsein. Den Armen ist das Evangelium in ganz besonderer Weise zugesagt (Zerfaß 1991, S. 299–308), und in den Armen begegnet uns der leidende Christus (Mt 25,37–40). Eine weitreichende Umsetzung dieser Erkenntnisse in der diakonischen Unternehmenspolitik steht meiner Meinung nach für Deutschland noch aus.

Zusammenfassend kann geschlossen werden, dass Arme die höchste Priorität bei der Festlegung einer diakonischen Leistungspolitik haben sollten. Eine konsequente Armutsorientierung ist sowohl biblisch geboten als auch operationalisierbar: Sie garantiert, dass die Gleichwertigkeit der Würde aller Menschen gewahrt bleibt, sie praktiziert Gerechtigkeit für die Armen und Liebe für diejenigen, die in der Welt sonst keine Liebe erfahren. Gleichzeitig ist eine Ausrichtung der Leistungspolitik an den Armen messbar, so dass die abstrakten Werte Gerechtigkeit und Liebe konkret und umsetzbar werden.

Diakonische Unternehmen haben deshalb den einen Zweck, Armen in ihrer Vulnerabilität zu helfen, damit sie ihre eigenen existentiellen Grundbedürfnisse befriedigen können. Wie dies im einzelnen aussehen kann, muss in den folgenden Kapitel diskutiert werden. Zuvor sollen jedoch in aller Kürze wichtige Nebenziele benannt werden, die sich zusätzlich aus den diskutierten Werten ergeben.

2.3 Nebenziele

2.3.1 Effizienz und Effektivität

In Kapitel 2.1.1 wurde dargelegt, dass jeder Christ dazu berufen ist, ein getreuer Haushalter der ihm anvertrauten Ressourcen zu sein. Haushalterschaft äußert sich im Verhältnis zwischen dem Ergebnis und dem Verbrauch an Ressourcen eines Leistungsprozesses. Dieser Quotient wird in der Wirtschaftswissenschaft als Effizienz bezeichnet. Die Erhöhung der Effizienz – und damit die Haushalterschaft diakonischer Unternehmen – ist der originäre Forschungsgegenstand der Wirtschaftswissenschaften.

Für die weitere Diskussion ist es nötig, den Begriff Effizienz genauer zu definieren. Hierzu muss die Gesamteffizienz in die beiden Bestandteile „technische Effizienz" und „allokative Effizienz" zerlegt werden. Die Produktivität eines Systems bei konstantem Einsatzverhältnis der Produktionsfaktoren wird als technische Effizienz bezeichnet (Neumann 1995, S. 185–258). So ist es das Ziel von Motorbauern, die technische Effizienz ihrer Aggregate zu verbessern. Benötigte ein Fahrzeug mit einem Gewicht von 1000 kg früher 12 Liter Benzin für 100 km, so können neuere Motoren den Treibstoff besser ausnutzen. Sie benötigen nur noch 5 Liter, um eine Fahrzeug von 1000 kg 100 km weit zu bringen. Die Ergiebigkeit wurde gesteigert.

Betrachten wir ein Beispiel, das der Diakonie näher liegt: Die Reduktion des Medikamentenverderbs in einem Krankenhaus führt unter sonst gleichen Bedingungen (Ceteris-Paribus-Klausel) zu einer erhöhten technischen Effizienz dieser Institution, da dieselbe Ergebnisqualität der medizinischen und pflegerischen Leistungen bei geringeren Medikamentenverbräuchen erreicht wird. Die technische Effizienz wurde gesteigert. Das Konzept der technischen Effizienz fragt jedoch nicht danach, ob der Patient, der mit diesen Medikamenten behandelt wird, überhaupt in ein Krankenhaus hätte kommen müssen. Es wäre möglich, dass seine Krankheit vermeidbar gewesen wäre, wenn er z.B. rechtzeitig Sport getrieben hätte. Die Prävention hätte also eine höhere Effizienz als die Behandlung. Dementsprechend beschreibt die *allokative Effizienz* die Rationalität des Verhältnisses der Produktionsfaktoren zueinander. Abbildung 7 zeigt die Situation für zwei Input-Faktoren (z.B. präventive und kurative Medizin).

Die Produktionsmöglichkeitskurve U_0 ist der geometrische Ort aller Kombinationen der Einsatzfaktoren, die bei gegebener Technologie einen bestmöglichen Nutzen (U) erzeugen. Dies bedeutet: Wenn alle Produktionsfaktoren optimal eingesetzt werden, produziert der Input von X_i Einheiten von Inputfaktor X und Y_i Einheiten von Inputfaktor Y einen Nutzen für die Bevölkerung von U_0. Dasselbe Nutzenniveau kann durch jede Kombinationen rechts der Produktionsmöglichkeitskurve U_0 erzeugt werden. Derselbe Output wird folglich mit einem höheren Input erreicht. Lösungen rechts von U_0 sind folglich ineffizient. Kombinationen des Inputs von Faktor X und Faktor Y links von U_0 liefern grundsätzlich geringere Nutzenniveaus (U_1).

Es sei angenommen, dass ein Individuum ein Verhältnis der Inputfaktoren von tan(α) (= $Y_B/X_B= Y_C/X_C=Y_D/X_D$) gewählt hat. Der Nutzen U_0 werde durch die Kombination X_B,Y_B produziert, d.h., der Punkt B liegt rechts von der Produktionsmöglichkeitskurve im ineffizienten Raum. Die Finanzierung dieser Kombination X_B,Y_B benötigt ein Budget von B_1 (wobei $B_1 > B_0$).

Wie die Abbildung zeigt, könnte dasselbe Nutzenniveau bei konstantem Einsatzverhältnis der Produktionsfaktoren

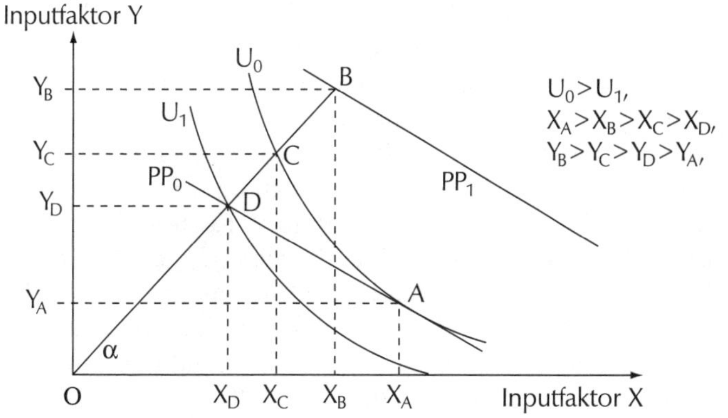

Abbildung 7: Allokative und technische Effizienz

(α) mit geringerem Input beider Faktoren erreicht werden, wenn die technische Effizienz erhöht würde. Die maximale technische Effizienz ist im Punkt C erreicht, der der Schnittpunkt der Produktionsmöglichkeitskurve U_0 mit dem Fahrstrahl durch den Ursprung mit der Steigung tan(α) ist. Im Punkt C werden von beiden Produktionsfaktoren geringere Einsätze benötigt als im Punkt B ($X_B-X_C>0$; $Y_B-Y_C>0$). Das Verhältnis T = OC/OB stellt dabei die technische Effizienz dar. Je mehr Ressourcen bei gegebenem Verhältnis der Einsatzfaktoren zur Produktion eines gegebenen Output verbraucht werden, desto geringer ist die technische Effizienz. Zurückgeführt werden kann technische Ineffizienz auf suboptimale Produktionsmengen oder ungenügende Verwertung der Einsatzfaktoren (Bukh 1992, S. 3).

Die Preise der Einsatzfaktoren werden bei der Analyse der technischen Effizienz vernachlässigt. Bei einem gegebenen Budget B_0 bestimmen die Preise die Steigung der Minimalkostentangente PP_0, die der geometrische Ort aller möglichen Kombinationen der Inputfakoren X und Y ist, die bei einem gegebenen Budget B_0 möglich sind. Minimalkostentangenten mit höheren Budgets liegen rechts parallel zu PP_0. Die Produktion des Nutzens U_0 mit dem Input

X_B; Y_B erfordert ein Budget B_1, was in der Minimalkostentangente PP_1 zum Ausdruck kommt.

PP_0 berührt die Produktionsmöglichkeitskurve U_0 im Punkt A, d.h., bei gegebenen Preisen für die Inputfaktoren X und Y repräsentiert der Punkt A die effiziente Kombination X_A; Y_A von Prävention und kurativer Medizin. Die Kombination X_D; Y_D weist dieselben Kosten auf, hat jedoch einen deutlich geringeren Nutzen (U_1). Die allokative Effizienz Al = OD/OC zeigt die Abweichung zwischen der kostengünstigsten und der gewählten technisch-effizienten Lösung. Die Gesamteffizienz ist das Produkt dieser beiden Effizienzmaße, also E = OD/OC*OC/OB = OD/OB. Sie entspricht der Abweichung der tatsächlich gewählten Produktionsalternative (B) und deren Kosten (B_1) von der besten Produktionsmöglichkeit (A), die die Produktion des Nutzens U_0 bei Minimalkosten (B_0) erlaubt.

Fassen wir zusammen: Erstens bedeutet jede Form von Ineffizienz eine Verschwendung von Ressourcen. Dies ist ethisch nicht zu rechtfertigen. Jede Ressource, die ich meinem Nächsten durch Verschwendung entziehe oder vorenthalte, fehlt ihm zur Befriedigung seiner Bedürfnisse. Technische wie allokative Effizienz sind ein Gebot der christlichen Haushalterschaft.

Zweitens ist es durchaus möglich, dass ein diakonischer Betrieb (und die Diakonie insgesamt) technisch effizient arbeitet, jedoch eine schlechte Gesamteffizienz hat. Er verschwendet kostbare Ressourcen, da seine allokative Effizienz suboptimal ist. Es kann sein, dass ein diakonisches Unternehmen ausgesprochen erfolgreich agiert, die modernste Technik verwendet und sogar Überschüsse erwirtschaftet. Es übertrifft alle Konkurrenten und steht blendend da. Dies allein ist jedoch kein sicheres Zeichen dafür, dass die Zielgruppe optimal versorgt wird. Es könnte sein, dass dieser Betrieb zwar alles richtig macht, aber nicht das Richtige tut. So ist es in einem afrikanischen Entwicklungsland denkbar, dass ein Krankenhaus ein optimales Pflegesystem und eine hervorragende medizinische Betreuung hat. Malariapatienten werden auf höchstem Standard behandelt. Je-

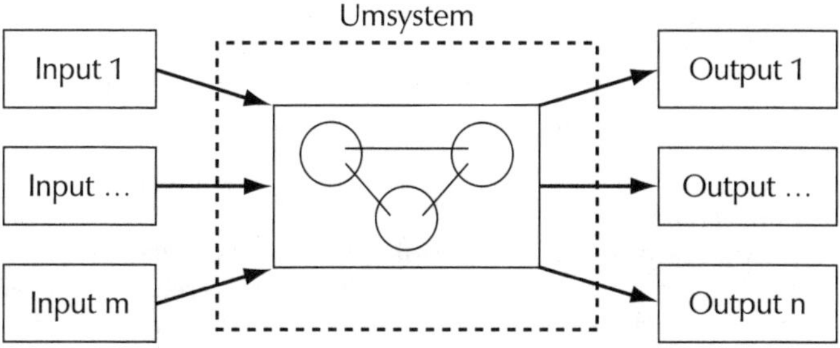

Abbildung 8: Systemtheoretisches Modell

der ist scheinbar mit der Einrichtung zufrieden. Tatsächlich würde jedoch unsagbares Leid vermieden werden, wenn das Krankenhaus, statt sich der kurativen Medizin hinzugeben, lieber Sümpfe trocken legen und Moskitonetze verteilen würde. In Deutschland mag ein Diakoniewerk fabelhaft dastehen. Mit gegebenen Pflegesätzen erwirtschaftet es auf Grund seines guten Managements Überschüsse, alle Gebäude sind in einem hervorragenden Zustand und jeder ist beeindruckt. Sie machen alles richtig. Aber, tun sie auch das Richtige? Es könnte sein, dass sie ihrem biblischen Auftrag viel mehr gerecht würden, wenn sie sich Randgruppen und Aufgaben zuwenden würden, bei denen die Sozialhilfe nicht oder kaum ausreicht, um die Kosten zu decken.

Die unterschiedlichen Sichtweisen sind für die weitere Diskussion von großer Wichtigkeit und sollen deshalb noch einmal kurz anhand eines systemtheoretischen Modells verdeutlicht werden. Wie Abbildung 8 zeigt, besteht die Funktion eines offenen Systems darin, Inputfaktoren so zu transformieren, dass Outputs entstehen, die vom Umsystem als nützlich und wertvoll erkannt werden. Auf Grundlage dieses Modells können folgende Konzeptionen eines diakonischen Betriebes abgeleitet werden:

1. Inputorientierung: Diakonie definiert sich vornehmlich über die kirchlichen Inputfaktoren. Der Satz „Diakonie ist jede soziale Tätigkeit der Kirche“ fasst diese Sicht kurz zusammen. Von besonderer Bedeutung war hier traditionell der Inputfaktor dispositive Arbeit. Es wurde jede soziale Aktivität als Dia-

konie geführt, die von einem Pfarrer initiiert und geleitet wurde. Aus dieser Sicht ist es auch kein Problem, wenn ein Pfarrer ein Altenheim für ältere Millionäre gründet, denn er leitet dieses Heim und allein dadurch ist es diakonisch.

2. Prozessorientierung: Die meisten Ansätze der Prozessorientierung erwarten nach wie vor die kirchliche Bindung (Inputorientierung), setzen jedoch zusätzlich voraus, dass die Erstellung der Leistungen nach christlichen Prinzipien verläuft. A. Jäger und seine Schüler sind hier zuzuordnen. Sie fordern einen diakonischen Führungsstil, betonen also den wichtigsten Prozessaspekt im Dienstleistungsbereich. „Diakonie ist ein Sozialleistungsunternehmen, das nach christlichen Prinzipien geführt wird bzw. werden sollte".

3. Outputorientierung: Dem betriebswirtschaftlichen Denken entspricht die Ausrichtung an dem Leistungsergebnis. Als Output diakonischer Betriebe können dabei Sozialleistungen definiert werden, die von den Klienten (Kunden) als Nächstenliebe empfunden werden. „Diakonie ist, was als Diakonie bei den Kunden ankommt". Die reine Outputorientierung hinterfragt allerdings nicht, ob die bisherige Kundengruppe tatsächlich die richtige ist. Der Prozess mag technisch effizient sein, die allokative Effizienz wird nicht hinterfragt.

4. Allokationsorientierung: Eine konsequente Ausrichtung an den Grundbedürfnissen der Menschen fordert eine Orientierung diakonischer Betriebe an der richtigen Zielgruppe. Es sollen überwiegend diejenigen Menschen als Klienten angesehen werden, die die diakonischen Leistungen am meisten benötigen, da sie ihre Grundbedürfnisse nirgends anders selbständig decken können. „Diakonie sind Sozialleistungsunternehmen in kirchlicher Trägerschaft, die den Armutsgruppen effizient helfen", könnte diese Sicht zusammenfassen. Eine Allokationsorientierung fordert eine komplett neue Leistungspolitik diakonischer Betriebe.

Die Diakoniebetriebslehre – soweit man davon überhaupt sprechen kann – hat sich bislang fast ausschließlich mit der Input- bzw. Prozessorientierung beschäftigt. Sie analysiert Finanzierungsalternativen und Führungsstile, um das, was sie tut, noch besser, d.h. effizient durchführen zu können. Sie erstrebt eine Erhöhung der technischen Effizienz. Die

Frage des „Was?“ wurde weder aus theologischer noch aus wirtschaftswissenschaftlicher Sicht gestellt. In dieser Arbeit wird bewusst die diakonische Leistungspolitik mit dem Ziel fokussiert, die allokative Effizienz zu erhöhen. Wie dargestellt wurde, kann dies nur eine bewusste Zuwendung zu einer armutsorientierten Diakonie bedeuten. Wie obige Abbildung zeigt, ist bei einer existierenden Ressourcenbeschränkung nicht alles möglich. Wir müssen uns entscheiden, ob wir das, was wir derzeit tun, weiterhin perfektionieren und richtig machen, oder ob wir lieber etwas anderes, vielleicht Neues tun, das unserem biblischen Auftrag mehr entspricht.

Es soll an dieser Stelle nicht der Eindruck vermittelt werden, als ob Effizienz stets das Maß aller Dings wäre. Wie gezeigt wurde, bedeutet Ineffizienz eine schlechte Haushalterschaft. Es kann jedoch sein, dass trotzdem eine weniger effiziente Lösung der Effizienzlösung vorgezogen wird, weil letztere ein definiertes Ziel überhaupt nicht erreicht. Betrachten wir hierzu folgendes Beispiel: Zehn diakonische Betriebe (betriebswirtschaftlich als Decision Making Units, DMUs bezeichnet) erzeugen einen bestimmten Output (z.B. Betreuungsstunden) mit einem bestimmten Input (z.B. Personalstunden). Wie Abbildung 9 zeigt, unterscheiden sie sich sowohl im Output als auch im Input erheblich.

Die Effizienz der DMUs ergibt sich aus dem Quotienten von Output zu Input. Die Steigung einer Geraden durch den Ursprung und den entsprechenden Koordinatenwert entspricht der Effizienz. Es zeigt sich, dass die Linie [0A] durch den Punkt DMU 4 die maximale Steigung aufweist, d.h., DMU 4 ist effizient, alle anderen sind nicht effizient. Diesem Ansatz liegt eine sogenannte „konstante Skalenelastizität“ zugrunde, d.h., es wird angenommen, dass die Produktivität von DMU 4 sowohl bei höherem als auch bei niedrigerem Input konstant bleibt. Demgegenüber führt die Annahme „variabler Skalenerträge“ dazu, dass mehrere DMUs effizient sind. Sie bilden die Eckpunkte der sogenannten „Effizienzhüllkurve“, d.h. den äußeren Rand des

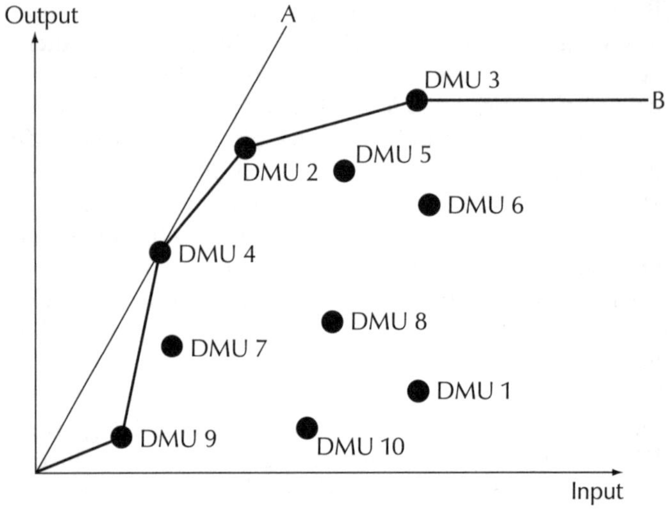

Abbildung 9: Effiezenzhüllkurve

Produktionsmöglichkeitsraumes. Die Effizienzhüllkurve verläuft durch den Ursprung zum Punkt B und schneidet die Punkte DMU 9, DMU 4, DMU 2 und DMU 3. Alle Punkte auf der Effizienzhüllkurve sind effizient, alle Punkte darunter ineffizient (DMU 1, 5, 6, 7, 8, 10).

Setzt man voraus, dass mindestens ein Output von P erreicht werden muss, so verändert sich das Bild. DMUs 1, 4, 6, 7, 8, 9 und 10 sind ineffektiv, d. h., sie erreichen das Ziel nicht. DMU 4 war vorher effizient, scheidet jetzt jedoch aus der Betrachtung komplett aus. Lediglich DMU 2 und DMU 3 sind effizient (variable Skalenerträge), bei einer sehr strengen Betrachtung (konstante Skalenerträge) ausschließlich DMU 2. DMU 5 ist in jedem Fall ineffizient.

Die Frage, ob eine Strategie oder Einheit effizient ist, kann folglich nicht unabhängig von der Effektivität gesehen werden. Billige, aber wirkungslose diakonische Dienstleistungen sind nicht Ausdruck ökonomischen Denkens. Das Streben nach Effizienz hat dort ein Ende, wo kein ausreichendes Ergebnis erzielt wird. Dies bedeutet beispiels-

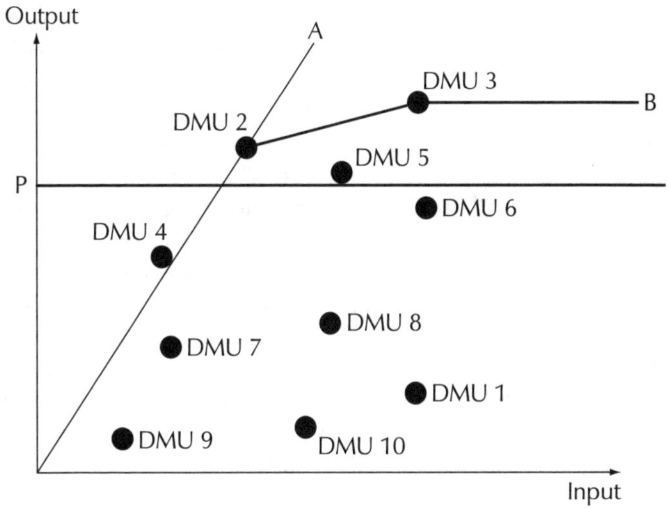

Abbildung 10: Effektivitätsanforderung

weise, dass armutsorientierte Diakonie nicht notwendigerweise immer billig oder primitiv ist. Auch dies ist eine Konsequenz einer output- bzw. allokationsorientierten Definition der Diakonie.

2.3.2 Nachhaltigkeit

Das Oberziel der Armutsorientierung muss unter Beachtung der Nebenziele Effizienz und Effektivität erstrebt werden. Diese Ziele dürfen sich jedoch nicht nur auf die Klienten heute beziehen, sondern müssen auch zukünftige Generationen berücksichtigen. Auch für sie müssen adäquate diakonische Dienstleistungen angeboten werden. Deshalb muss ein weiteres Nebenziel berücksichtigt werden: Nachhaltigkeit.

Der Begriff Nachhaltigkeit entstammt der Forstwirtschaft und bezeichnete ursprünglich ein bestandsorientiertes Ressourcenmanagement. Der jährliche Holzeinschlag durfte den jährlichen Zuwachs nicht überschreiten, so dass nachfolgende Generationen mindestens die gleiche Quantität und Qualität der Wälder vorfinden würden wie die gegenwärtige. Der Begriff wurde schnell auf die Landwirtschaft und später auf alle Bereiche menschlicher Entwicklung ausgedehnt. Heute umfasst er neben ökologischen Aspekten vor allem die ökonomische Dimension intergenerationaler Gerechtigkeit. Dies bedeutet, dass zukünftige Generationen den gleichen Zugang zu Ressourcen haben sollen wie die gegenwärtige Generation: „Unter dauerhafter Entwicklung verstehen wir eine Entwicklung, die den Bedürfnissen der heutigen Generation entspricht, ohne die Möglichkeiten künftiger Generationen zu gefährden, ihre eigenen Bedürfnisse zu befriedigen und ihren Lebensstil zu wählen. Die Forderung, diese Entwicklung ‚dauerhaft' zu gestalten, gilt für alle Länder und Menschen" (Brundtland-Bericht 1987, S. XV).

Diese Forderung stellt eine ethische Innovation dar (Diefenbach 2001). So zeigt Jonas (1984) auf, dass die traditionelle Ethik – auch die theologische – eine Gegenwartsethik ist (S. 8, S. 27). Nachhaltigkeit erfordert hingegen eine „Zukunftsethik" (S. 36), die sich vor allem in einer Verantwortung für zukünftige Generationen äußert (S. 26). Diese Zukunftsethik kann nicht intentionistisch sein, sie muss vielmehr danach fragen, welche Konsequenz das heutige Handeln für spätere Generationen haben wird. Diakonische Betriebe sind folglich für die langfristigen Folgen ihres diakonischen Wirkens verantwortlich. Nächstenliebe und Gerechtigkeit, die Würde des Menschen und der Ruf zur Haushalterschaft sind heute zu praktizieren, ohne die Grundlage für das diakonische Handeln in der Zukunft zu zerstören.

Ein interessantes Beispiel für den Konflikt zwischen kurz- und langfristiger Hilfe ist die Nahrungsmittelhilfe für Entwicklungsländer, die auch von kirchlichen Werken immer wieder durchgeführt wird. Eine Hilfe, die nicht langfristig wirksam, also nicht nachhaltig ist, wird im Allgemeinen als humanitäre Hilfe bezeichnet. Die Nahrungsmittelhilfe ist ihr Prototyp. Sie hilft kurzfristig, hat jedoch kaum positive langfristige Effekte. Langfristig kann sie zu Abhängigkeit und Initiativlosigkeit der heimischen Bauern führen. Und so sieht sich die „Katastrophenhilfe" des diakonischen Werkes vor der schweren Aufgabe, so viel Hilfe zu geben, dass ein Überleben garantiert werden kann, jedoch nur so wenig Hilfe zuzuwenden, dass langfristig kein Schaden angerichtet wird.

Auch in der Diakonie in Deutschland ist das Nebenziel der Nachhaltigkeit zu beachten. Eine Einrichtung für Wohnungslose soll sich der Obdachlosen heute in Liebe annehmen. Dies hat in der Geschichte dazu verleitet, den Betroffenen alle Entscheidungen abzunehmen und sie rundum zu umsorgen. Oftmals wurde dadurch Eigeninitiative verhindert, so dass langfristig keine Verbesserung der Situation eintrat. Die Problematik und Spannung zwischen heutigem und zukünftigem, zwischen Nächsten- und Übernächstenliebe kann hier nicht weiter vertieft werden. Das Ziel der Nachhaltigkeit diakonischen Handelns sollte jedoch stets beachtet werden.

2.4 Nebenbedingungen

Das Oberziel der Armutsorientierung bestimmt die diakonische Leistungspolitik. Die Strategien, mit deren Hilfe dieses Oberziel erreicht werden können, sollen effektiv, effizient und nachhaltig verfolgt werden. Alle genannten Ziele sind folglich Maximierungsziele, wobei dem Oberziel ein deutlich höheres Gewicht zukommt. In der Realität der Welt zwischen Sündenfall und Wiederkunft Christi treten jedoch noch Nebenbedingungen hinzu, die Ausdruck der Sachgerechtigkeit diakonischen Handelns in der Welt sind. Es handelt sich vor allem um die Einhaltung von Ressourcenbeschränkungen, um Sicherheits- und Unabhängigkeitsziele.

Die Finanzierbarkeit diakonischer Maßnahmen ist eine wichtige Nebenbedingung, die von jedem Betrieb beachtet werden muss. Die ständige Zahlungsbereitschaft muss gewährleistet sein, und langfristig muss die Summe der Einzahlungen die Summe der Auszahlungen mindestens decken. Das Finanzierungsziel oder Liquiditätsziel ist tatsächlich jedoch kein echtes Ziel, sondern lediglich eine Nebenbedingung. Ist sie erfüllt, muss sie nicht weiter verbessert oder maximiert werden. Ist sie jedoch nicht erfüllt, verlieren alle Oberziele ihre Bedeutung. Diakonie ist stets Teil der ecclesia visibilis und folglich den finanziellen Ressourcenbegrenzungen unterworfen.

Diese Aussage trifft auch auf die Personalressourcen zu. Eine armutsorientierte Diakonie, die phantasievoll die Kosten durch zu gewinnende Ehrenamtliche senken möchte und allein auf glaubenseifrige Christen baut, plant an der Realität vorbei. Das Potential an Ehrenamtlichen ist nicht unbeschränkt, und die Motivation der eigenen Mitarbeiter kann nicht überbelastet werden. Hier sind Limitierungen, Nebenbedingungen zu berücksichtigen. Pläne müssen realistisch sein und diese Beschränkungen einbeziehen.

Ein weiteres Bündel von Nebenbedingungen bezieht sich auf die Sicherheit bzw. Verlässlichkeit als Partner am Sozialmarkt. Sollte nach dem Studium dieses Buches die Leitung einer diakonischen Einrichtung feststellen, dass sie ein Krankenhaus schließen und dafür in die Betreuung Obdachloser einsteigen sollte, könnte dieser Entschluss nur sehr langfristig in die Tat umgesetzt werden. Der Betrieb ist an Versorgungsverträge gebunden, hat mittelfristige Verantwortung für Mitarbeiter und einen wichtigen Auftrag in seiner Region. Experimente, die das komplette Kapital und damit die Existenz des diakonischen Trägers gefährden, müssen als zu risikoreich abgelehnt werden. Der Entscheidungsspielraum der Manager diakonischer Unternehmen wird dadurch stark eingeschränkt.

Schließlich spielt auch die Unabhängigkeit eine große Rolle. Diakonische Unternehmen sollten möglichst unabhängig von der Einflussnahme der Finanziers und nichtkirchlicher Eigentümer bleiben. Deshalb muss manches Angebot eines kommerziellen Trägers abgelehnt werden.

Dies schränkt den Entscheidungsspielraum erneut ein. Wenn im Folgenden eine diakonische Leistungspolitik definiert wird, so sollten diese Nebenbedingungen im Gedächtnis gehalten werden.

Fassen wir die bisherigen Erkenntnisse zusammen: Grundlegend für diakonische Unternehmen wie für alles christlich motivierte Handeln sind die Gleichheit der Würde des Menschen, die Gerechtigkeit und die Nächstenliebe. Sie erfordern eindeutig die Postulierung einer konsequenten Armutsorientierung als Oberziel der Diakonie. Eine armutsorientierte Diakonie achtet die Würde des Menschen, setzt sich für Gerechtigkeit ein und praktiziert Nächstenliebe. Dieses Oberziel wird ergänzt von den Nebenzielen Effizienz, Effektivität und Nachhaltigkeit. Sie leiten sich ebenfalls aus den grundlegenden christlichen Werten ab und sind Maximierungsziele, wenn auch mit geringerer Priorität. Die Nebenbedingungen der Finanzierbarkeit, Personalverfügbarkeit, der Sicherheit/Verlässlichkeit sowie der Unabhängigkeit ergeben sich aus der Notwendigkeit eines sachgerechten Handelns. Sie grenzen den Möglichkeitsraum betrieblicher Entscheidungen ein und müssen erfüllt, jedoch nicht maximiert werden.

Das Zielsystem diakonischer Betriebe fordert folglich primär dazu auf, die Leistungspolitik konsequent armutsorientiert zu gestalten. Dazu ist es zuerst notwendig, Armut in ihren unterschiedlichen Perspektiven zu erkennen. Hierfür soll das nächste Kapitel Anregungen geben.

3 Perspektiven der Armut

Im dritten Kapitel dieser Arbeit soll das Phänomen Armut eingehender beschrieben werden. Hierzu sollen zuerst die unterschiedlichen Perspektiven der Armut in Entwicklungsländern, in Europa sowie in Deutschland analysiert werden. Anschließend erfolgt eine kurze Diskussion der Ursachen der Armut.

3.1 *Armut in Entwicklungsländern*

3.1.1 *Entwicklung und Entwicklungsländer*

Im Gegensatz zu früheren Jahrhunderten stellt die Deckung der physiologischen Grundbedürfnisse der Bevölkerungsmehrheit in den meisten Ländern der Erde heute kein Problem mehr da. Erfrieren, Verhungern oder Verdursten sind insbesondere in den Industrienationen seltene Ausnahmen geworden. Absolute Armut breiter Bevölkerungsschichten findet sich hingegen bis heute in den sogenannten Entwicklungsländern. Das armutsbedingte Leiden und Sterben von Millionen von Menschen in diesen Ländern muss Christen zu Taten der Nächstenliebe und der internationalen Solidarität bewegen. Das diakonische Handeln darf nicht durch die eigenen Landesgrenzen begrenzt bleiben. Die Würde des Menschen in einem Entwicklungsland unterscheidet sich nicht von der Würde eines Deutschen. Das Ebenbild Gottes ist Zielpunkt christlicher Nächstenliebe, und es gilt, ihm Gerechtigkeit zu verschaffen. Hierzu ist es nötig, die Situation in Entwicklungsländern genauer zu erkennen. Sie relativiert manche Probleme, die wir in Deutschland zu haben meinen.

Die Analyse der Armut in Entwicklungsländern wird dadurch erschwert, dass keine eindeutigen Definitionen von „Entwicklung" oder „Entwicklungsland" existieren. „Übertreibend könnte gesagt werden, dass es so viele Definitionen des Begriffes Entwicklung gibt, wie Institutionen, die sich mit diesem Thema beschäftigen" (Lachmann 1994a, S. 14). Grundsätzlich kann man einen statischen und einen dynamischen Entwicklungsländerbegriff unterscheiden. Der statische Begriff analysiert Kriterien, die auf einen bestimmten Entwicklungsstand schließen lassen, während der dynamische Entwicklungsländerbegriff auf den Entwicklungsprozess bestimmter Länder abstellt. Als Entwicklungsländer im Sinne des statischen Begriffes bezeichnet man also Staaten, deren soziale und ökonomische Indikatoren eine niedrige Entwicklungsstufe anzeigen. Typische Indikatoren sind das Pro-Kopf-Einkommen, die Einkommensverteilung, die Analphabeten-Quote und die Kindersterblichkeit (Hemmer 1988, S. 8–37; Lachmann 1994a, S. 23–48). Gemäß diesen Indikatoren unterschied man „entwickelte Länder" und „unterentwickelte Länder", wobei „der früher übliche Gattungsbegriff der ‚unterentwickelten Länder' aufgrund des abfälligen Beigeschmacks völlig aus der Amts- und Wissenschaftssprache verschwunden" ist (Nuscheler 1996, S. 69).

In der Amtssprache der UN-Organisationen werden Länder mit einem geringen Pro-Kopf-Einkommen in der Regel als „Less Developed Countries" (LDC) bezeichnet, womit man den Begriff „developing countries" vermeidet, „weil er etwas vortäusche, was nicht stattfinde: nämlich Entwicklung" (Nuscheler 1996, S. 69). Innerhalb der Gruppe der Less Developed Countries werden die ärmsten Länder als „Least Developed Countries" (LLDC) tituliert. Sie erhalten besondere Vergünstigungen, z.B. zinsfreie oder -günstige Darlehen. Die UN-Vollversammlung legt die Kriterien für die Zugehörigkeit zu den LLDCs fest (United Nations Conference on Trade and Development 2000a, S. 1–31):

- Ein jährliches Pro-Kopf-Einkommen von weniger als 900 US$. Von dieser Anforderung kann abgesehen werden, wenn ein Land eine sehr einseitige Finanzquelle hat. So gelten die Malediven als LLDC, obwohl 1995 das Sozialprodukt pro Kopf 990 US$ betrug. Man geht aber davon aus, dass dieses Sozialprodukt hauptsächlich durch den Tourismus gewonnen wird und der einheimischen Bevölkerung kaum nützt. Falls sich das jährliche Bruttosozialprodukt pro Kopf erhöht, wird einem Land der Status als LLDC erst aberkannt, wenn der Wert über 1100 US$ steigt.
- Ein Wert des „Augmented Physical Quality of Life Index“ (APQLI) von höchstens 52. Der APQLI fusioniert soziale Indikatoren (Lebenserwartung, Kalorienversorgung pro Kopf, Einschulungsrate und Alphabetisierungsrate unter Erwachsenen) zu einer Kennziffer.
- Ein Wert des „Economic Diversification Index“ (EDI) von unter 29. Dem EDI liegen die Anteile der Industrieproduktion am Sozialprodukt bzw. an den Beschäftigtenzahlen zugrunde.

Das erste Kriterium bestätigt, dass Armut stets mit der Kaufkraft verbunden ist. Je höher das Sozialprodukt pro Kopf, desto eher kann eine Nation die Grundbedürfnisse ihrer Bürger selbst decken. Tatsächlich liegt das Sozialprodukt der meisten LLDCs jedoch deutlich unter dem Höchstwert.

Zweitens zeigt sich Armut anhand wichtiger Sozialindikatoren, die zum APQLI fusioniert werden. Armut äußert sich in hoher Mortalität und einer entsprechend geringen Lebenserwartung. Armut führt zu einer schlechten Nahrungsmittelversorgung und damit zu einer ungenügenden Entwicklung geistiger wie körperlicher Fähigkeiten. Armut zeigt sich vor allem aber auch darin, dass Menschen ihr Grundrecht auf Bildung nicht wahrnehmen können und lebenslang Analphabeten bleiben.

Schließlich geht Armut in Entwicklungsländern mit einer extrem hohen Abhängigkeit von der Landwirtschaft einher. Da die Dependenz dieses Wirtschaftssektors von der Natur sehr hoch und die Produktivität generell gering ist, signalisiert ein geringer EDI eine hohe Vulnerabilität einer Nation. Kleine Schwankungen der Weltmarktpreise,

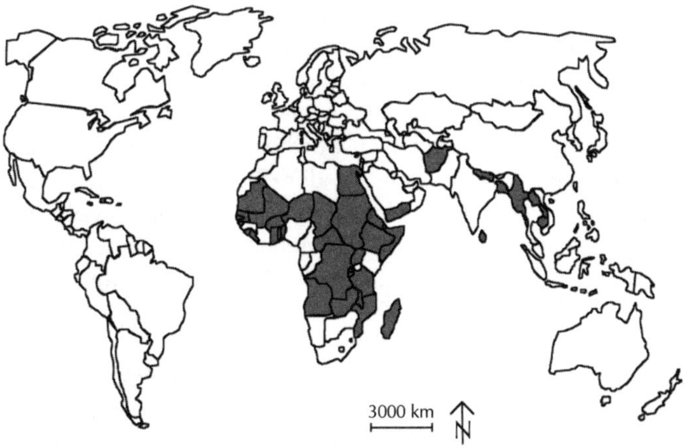

Karte 1: Least Developed Countries 1999

Quelle: United Nations Conference on Trade and Development (2000b)

Unregelmäßigkeiten der Niederschläge oder Insektenplagen führen zum Hungern oder Verhungern großer Bevölkerungsschichten. LLDCs, für die alle genannten Kriterien zutreffen, sind der Inbegriff absoluter Armut.

Derzeit gelten 49 Länder als Least Developed Countries. Neun asiatische, ein arabisches (Jemen) und ein amerikanisches (Haiti) Land sind LLDCs. Fünf der Länder liegen in Ozeanien, wobei ihre Gesamtbevölkerung weniger als eine Million beträgt. Die größte Zahl der Least Developed Countries liegt in Afrika (34 Länder, 69,39 % aller LLDCs).

Im Gegensatz zum statischen Entwicklungsländerbegriff, für den der Entwicklungsstand eines Landes maßgeblich ist, wird bei einer dynamischen Auffassung des Begriffs Entwicklung als *Prozess* verstanden. Entwicklungsländer wären folglich diejenigen Staaten, die sich weiterentwickeln. Entwicklung ist hierbei als eine Erhöhung der Systemkomplexität definiert (Ritter 1991, S. 166–171), was grundsätzlich von der reinen Expansion der vorhandenen Systemstruktur (Wachstum) zu unterscheiden ist. Wachstum erhöht die

Anzahl der Elemente eines Systems, während Entwicklung eine erhöhte Spezialisierung der Elemente, einen höheren Grad der Arbeitsteilung und eine Erweiterung bzw. Intensivierung der Relationen zwischen diesen Elementen (Kommunikations- und Transportbeziehungen) umschreibt. So bedeutet Entwicklung in der Biologie nie das reine Wachstum eines Individuums, sondern einen evolutorischen Akt, wie er etwa in der Metamorphose einer Raupe zu einem Schmetterling zu sehen ist. Der Schmetterling ist nicht größer oder schwerer als die Raupe, jedoch biologisch komplexer, da er geschlechtsfähig ist.

In gleicher Weise ist die ökonomische Entwicklung nicht allein durch ein höheres Sozialprodukt zu beschreiben, sondern auch durch Spezialisierung und Arbeitsteilung, was intensivere Austauschbeziehungen nötig macht. So beschreibt beispielsweise Bobek (1959, S. 258–297) als Vertreter einer Stufentheorie (Stavenhagen 1969, S. 629; Corsten 1997, S. 1–2) die menschliche Entwicklung in sechs Stufen: Jäger und Sammler, spezialisierte Jäger und Sammler, Sippenbauerntum, herrschaftlich organisierte Agrarwirtschaft, älteres Städtewesen und produktiver Kapitalismus. Jede Stufe unterscheidet sich von der vorigen durch einen höheren Grad an Arbeitsteilung und Spezialisierung. Den Übergang von einer Stufe zur anderen bezeichnet Ritter (1991, S. 166–171) als Entwicklung, während das (teilweise Jahrtausende währende) Verharren in einer stabilen Phase Persistenz genannt wird. Eine rein quantitative Outputsteigerung, die allein auf einer Erhöhung der Zahl identischer Systemelemente beruht, stellt keine Entwicklung dar, sie kann sogar zu einer Involution führen, wie Geertz (1963) für die Reisbauernkulturen in Java nachwies. Allerdings wird die Erhöhung der Systemkomplexität umgekehrt in der Regel von einer Erhöhung des Outputs (z.B. Sozialprodukt) und der Tragfähigkeit des Systems (z.B. Bevölkerungszahl) begleitet sein (Affemann, Pelz & Radermacher 1998; Radermacher 1998).

Eine konsequente Anwendung der dynamischen Definition der Entwicklung würde dazu führen, die meisten Least

Developed Countries nicht als Entwicklungsländer einzustufen, da sie sich qualitativ kaum weiterentwickeln. Viele westliche Industrieländer wären hingegen als Entwicklungsländer zu kategorisieren, da sie sich in einer Transition von der Industrie- zur Dienstleistungsgesellschaft befinden, die man durchaus als 7. Stufe der Bobek'schen Lebensformengruppen verstehen kann. Für eine Analyse der Armut in Entwicklungsländern ist dieser Entwicklungsbegriff nicht hilfreich. Im Folgenden werde ich mich deshalb auf den statischen Begriff beschränken.

3.1.2 *Erscheinungsformen der Armut in Entwicklungsländern*

Im Jahre 1999 musste mehr als die Hälfte der Einwohner der LLDCs mit einem Einkommen von unter 365 US$ pro Jahr auskommen. Im Durchschnitt lebte die absolut arme Bevölkerung dieser Länder sogar mit einem Einkommen von nur 0,64 US$ pro Tag. Im Tschad lebten 82 % unterhalb der Armutsgrenze, in Äthiopien 85 % und in der demokratischen Republik Kongo 91 % (United Nations 2002, S. 57). Das durchschnittliche Einkommen dieser Armen betrugt 0,53 US$ (Tschad), 0,47 US$ (Äthiopien) bzw. 0,38 US$ (Demokratische Republik Kongo). Definiert man ein Bruttosozialprodukt von 2 US$ pro Kopf und Tag als Armutsgrenze, sind 81 % aller Menschen in den LLDCs absolut arm. Dies trifft auf 94 % der Bevölkerung im Tschad zu, wobei das Einkommen pro Kopf und Tag dieser Bevölkerungsschicht nur 0,70 US$ beträgt. Die entsprechenden Werte für Äthiopien und die Demokratische Republik Kongo betragen 95 % und 96 % bzw. 0,65 US$ und 0,55 US$.

Die angegebenen Werte wurden auf die sogenannte Kaufkraftparität umgerechnet, so dass ein Vergleich zwischen Ländern möglich ist. Sie zeigen, dass das Einkommen in den ressourcenarmen Ländern einen großen Teil der Bevölkerung von einer gesunden Entwicklung abhält. Wer mit weniger als zwei US$ pro Tag auskommen muss, hat niemals genug Geld für gesunde und ausreichende Nahrung. Er leidet Hunger; der Körper und insbesondere das Gehirn entwickeln sich nicht ausreichend. Seine Kleidung besteht ebenso wie seine Unterkunft aus Abfällen, so dass seine Gesundheit ständig gefährdet ist. Eine Schulbildung und selbst bestimmte Entwicklung sind ausgeschlossen. Absolute Armut entäußert den Menschen aller seiner Gott gegebenen Rechte. Dies soll noch anhand einiger Beispiele verdeutlicht werden.

Die Weltgesundheitsorganisation erstrebt eine Lebenserwartung von mehr als 60 Jahren, eine Säuglingssterblichkeit (= Mortalität der Kinder unter einem Jahr) von weniger als 50 pro 1000 Lebendgeburten und eine Kindersterblichkeit (= Mortalität der Kinder unter fünf Jahre) von weniger als 70 pro 1000 Lebendgeburten für alle Länder dieser Erde (WHO 1998, S. 39). Wie die folgenden Karten zeigen, sind diese Werte in keinem LLDC erreicht worden (WHO 1998, S. 220–223; Weltbank 2000c, S. 106–108). Die Lebenserwartung bei der Geburt liegt bei durchschnittlich 50,12 Jahren (zum Vergleich: BRD: 77), die durchschnittliche Sterblichkeit der Kinder unter 5 Jahren beträgt 150,85 pro 1000 (BRD: 7). Der entsprechende Wert für Kinder unter einem Jahr war 104,59 (BRD: 6). Im Durchschnitt starben jährlich 1,72 % der Bevölkerung (BRD: 0,481 %).

Absolute Armut bedroht die physische Existenz von Menschen. Das Ergebnis sind millionenfaches Leiden und Tod. Wohl auf keinem Kontinent wird dies deutlicher als in Afrika, dem Erdteil mit dem höchsten Verlust an krankheitsbedingter Lebensqualität. Wie Abbildung 11 zeigt, ist der Verlust an gewichteten Lebensqualitätsjahren (sogenannten DALYs) in den entwickelten Marktwirtschaften (MW) und in den früheren sozialistischen Ländern (FS) verhältnismäßig gering, wobei sich die Werte letzterer seit der Erhebung verschlechtert haben dürften. In Südamerika (SA), im nahen Osten (NO), Indien und dem Rest von Asien (AR) ist der Verlust bereits relativ hoch. Mit jährlich fast 600 verlorenen Lebenqualitätsjahren ist Afrika jedoch der Kontinent mit der gravierendsten Armut, dem

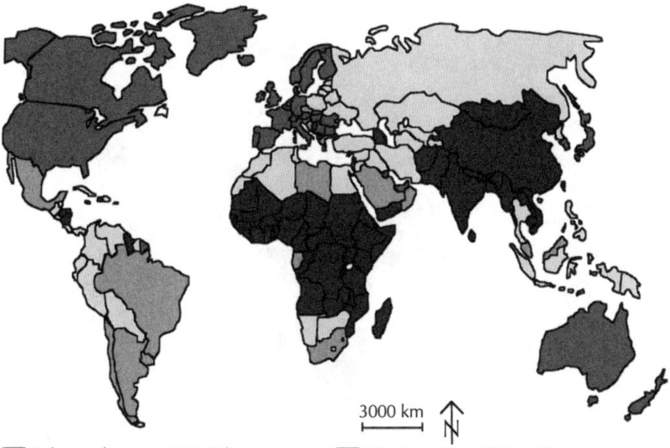

Sehr niedrig, <= 765 US$
Niedrig, 766 · 3035 US$
Mittel, 3036 · 9385 US$
Hoch, > 9385 US$

Karte 2: Einkommen [US$ pro Kopf und Jahr, Kaufkraftparität 1995]

Quelle: Weltbank (1997, S. 8–9)

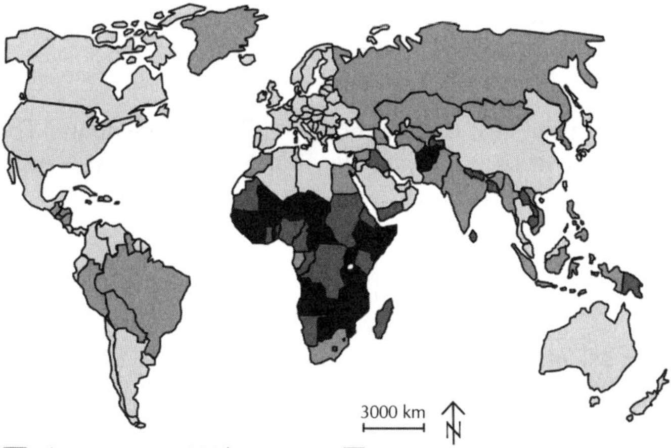

Lebenserwartung < 50 Jahre
60 <= Lebenserwartung < 70 Jahre
50 <= Lebenserwartung < 60 Jahre
Lebenserwartung >= 70 Jahre
Unbekannt

Karte 3: Lebenserwartung

Quelle: Weltbank (2000d, S. 24–25)

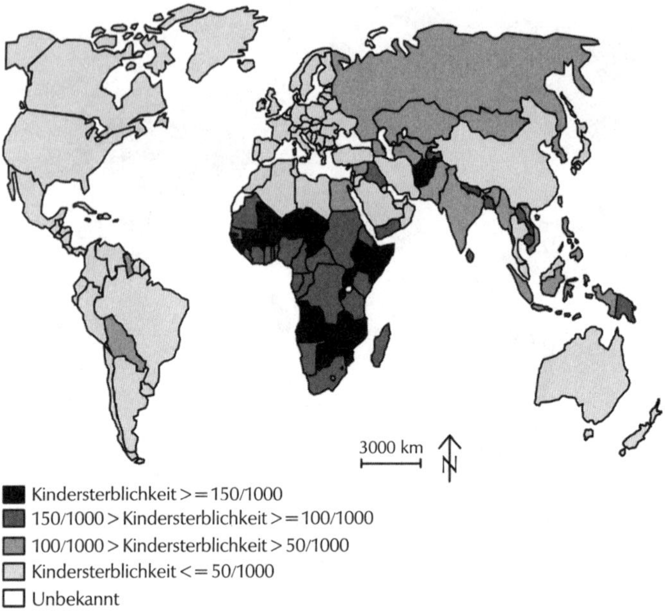

Karte 4: Kindersterblichkeit

Quelle: WHO (1998, S. 220–223, Welbank (2000c, S. 106–108)

schlimmsten Leid und der höchsten Zahl vermeidbarer Todesfälle. Afrika ist deshalb der Prüfstein christlicher Nächstenliebe und Solidarität.

3.1.3 *Armutsbekämpfung in Entwicklungsländern*

Die Bekämpfung der Armut ist das wichtigste Ziel der internationalen Entwicklungspolitik (z.B. UNDP 1997b; WHO/ICO 1998; Weltbank 1999), d.h., „... development planners came to emphasise [...] the importance of eliminating poverty through measures such as increasing employment and promoting fairer income distribution. This led to the concept of providing basic services in response to basic needs, which became dominant in health and de-

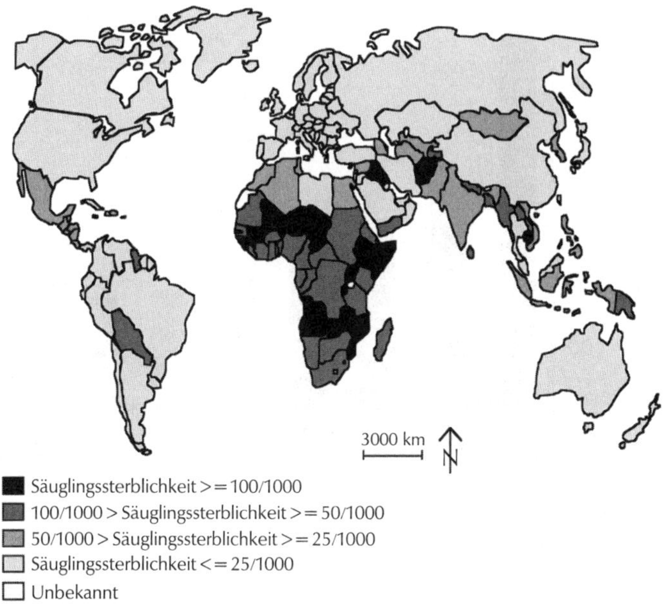

Karte 5: Säuglingssterblichkeit (1998)

Quelle: WHO (1998, S. 220–223); Weltbank (2000c, S. 106–108)

velopment thinking" (Werner & Sanders 1997, S. 13). So bezeichnet der Präsident der Weltbank, Wolfensohn (1999, S. vii), „reducing poverty" als „the Bank's mission", deren Probleme und Erfolge in den jährlichen Berichten „Poverty Reduction and the World Bank" festgehalten werden. Darüber hinaus widmet diese finanzkräftige Entwicklungsagentur regelmäßig ihren Weltentwicklungsbericht (Weltbank 1990; 2000a) oder spezielle Regionalpapiere diesem Thema (z. B. „Taking action for poverty reduction in Sub-Saharan Africa", Weltbank 1996).

Auch die deutsche Entwicklungspolitik verfolgt eine konsequente Armutsorientierung: „Ziel der deutschen Entwicklungspolitik ist, die wirtschaftliche und soziale Lage der Menschen in den Entwicklungsländern und die Entfaltungsmöglichkeiten ihrer schöpferischen Fähigkeiten zu

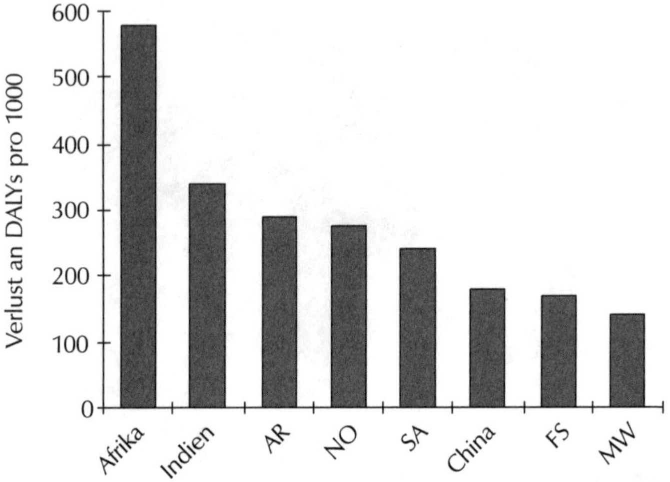

Abbildung 11: Jährlicher Verlust an Lebensqualität pro 1000 Einwohner

Quelle: Weltbank 1993, S. 3

verbessern. Im Vordergrund steht dabei die Minderung der Armut" (Bundesministerium für wirtschaftliche Zusammenarbeit und Entwicklung 1994, S. 5). Ein wichtiges strategisches Ziel der Bundesregierung ist deshalb die Halbierung der Zahl der in absoluter Armut lebenden Menschen bis zum Jahr 2015 (Aktionsprogramm 2015; Bundesministerium für wirtschaftliche Zusammenarbeit und Entwicklung 2001). Alle anderen Ziele, z.B. die nachhaltige Entwicklung, sind erst auf Grundlage einer intensiven Armutsbekämpfung erreichbar, denn „eradicating poverty is an indispensable requirement for sustainable development" (Chinnock 1998, S. 13).

Es ist nur konsequent, wenn auch die kirchliche Entwicklungshilfe „den Armen Gerechtigkeit" (Brot für die Welt 2001) fordert und eine „armutsorientierte Entwicklungszusammenarbeit" (Hauff & Werner 1996, Titel) sowie eine „Priorität für menschliche Entwicklung" (Donner-Reichle 1998, Titel) fordert. Der neu gegründete Evangelische Entwicklungsdienst (EED) formulierte deshalb auch in einem seiner ersten Grundsatzpapiere: „Schwerpunkt des [kirchlichen] Engagements in Übersee sind und bleiben die unmittelbare Bekämpfung der Armut und die Förderung einer sozial gerechten Entwicklung" (Evangelischer Entwicklungsdienst 2000, S. 7).

Diese wenigen Ausführungen sollen genügen, um die Tragik absoluter Armut in ihrer weltweiten Dimension zu verdeutlichen. Ich habe bewusst die Least Developed Countries gewählt, da in ihnen ein großer Teil der Bevölkerung hungert, durstet, leidet und friert. Absolute Armut tötet bis heute Millionen Kinder und Erwachsene. Dies muss ein brennender Stachel im Fleisch deutscher diakonischer Betriebe bleiben.

3.2 Armut in Europa

Armut ist nicht nur ein Problem der Entwicklungsländer. Auch in Europa gibt es absolute und relative Armut. In einer Studie aus dem Jahr 2001 legte Caritas Europa erstmals einen europaweiten Armutsbericht vor (Caritas Europa 2002). Er zeigt auf, dass ein erhebliches Wohlstandsgefälle zwischen den Mitgliedsländern der Europäischen Gemeinschaft und den anderen europäischen Ländern besteht. Tabellen 5 und 6 ordnen die Staaten gemäß dem Human Development Index, der jährlich vom United Nations Development Programme publiziert wird.

Setzt man ein Mindesteinkommen von 4 US$ pro Kopf und Tag als Armutsgrenze an, so gibt es in den EU-Staaten keine absolute Armut. Bei einer Armutsgrenze von 11 US$ pro Kopf und Tag weisen Frankreich und Großbritannien die schlechtesten Werte auf (10 bzw. 16 % der Bevölkerung). Diese Daten sollten jedoch nicht den Eindruck vermitteln, in der Europäischen Union gäbe es keine absolute Armut. Sie wird in den meisten EU-Ländern nur nicht erhoben.

Die relative Armut in Mitgliederländern der Europäischen Union muss differenziert gesehen werden. In Luxem-

Staaten	Human Development Index	Gini-Koeffizient	Bevölkerung mit einem Einkommen von weniger als 50 % des Median [%]
Norwegen	1	25,8	6,9
Schweden	4	25	6,6
Belgien	5	25	5,2
Island	7	–	–
Niederlande	8	32,6	8,1
Finnland	10	25,6	5,2
Schweiz	11	33,1	9,3
Luxemburg	12	26,9	3,9
Frankreich	13	32,7	8
Groß-britannien	14	36,1	13,4
Dänemark	15	24,7	7,2
Österreich	16	23,1	10,6
Deutschland	17	30	7,5
Irland	18	35,9	11,1
Italien	20	27,3	14,2
Spanien	21	32,5	10,1
Griechenland	23	32,7	–
Portugal	28	35,6	–
Malta	30	–	–

Tabelle 5: Armut in Europa: EU-Staaten

Quelle: Caritas Europa (2002, S. 34)

burg müssen nicht einmal 4 % der Bevölkerung mit weniger als 50 % des Medians des Einkommens auskommen. Die Einkommensverteilung ist relativ gleichmäßig, was sich an einem niedrigen Gini-Koeffizienten von 26,9 ablesen lässt. Weitere Länder mit einer geringen Armutsquote sind Belgien, Finnland, Schweden und Norwegen. Die EU-Länder mit der größten Ungleichverteilung sind Großbritannien, Irland und Portugal. In Großbritannien erzielen immerhin 13,4 % der Bevölkerung ein Einkommen von weniger als der Hälfte des Durchschnitts.

Staaten	Human Development Index	Gini-Koeffizient	% der Bevölkerung mit einem Einkommen < 4 US$/Tag
Slowenien	29	28,4	–
Tschechische Republik	33	25,4	1
Slowakei	35	19,5	1
Ungarn	36	24,4	4
Polen	38	31,6	20
Estland	44	37,6	37
Kroatien	46	29	–
Litauen	47	32,4	30
Lettland	50	32,4	22
Weißrussland	53	21,7	22
Russische Föderation	55	48,7	50
Bulgarien	57	26,4	15
Rumänien	58	28,2	59
Mazedonien	60	–	–
Armenien	72	44,4	–
Ukraine	74	29	63
Georgien	76	37,1	–
Türkei	82	41,5	1
Albanien	85	–	–
Moldawien	98	40,6	66
Bosnien-Herzegowina	–	–	–
Jugoslawien	–	–	–

Tabelle 6: Armut in Europa: Nicht-EU-Staaten

Quelle: Caritas Europa (2002, S. 34)

Die Verläßlichkeit der Daten der europäischen Länder, die nicht zur EU gehören, ist gering. Jugoslawien beispielsweise stellt keine Statistiken zur Verfügung. Dennoch lässt die obige Tabelle erkennen, dass es zahlreiche Länder in Europa gibt, für die absolute Armut noch immer ein Problem ist. In Europa wird gehungert und gefroren. Menschen haben keinen Zugang zu Basisgesundheitsdiensten, sterben sehr früh und werden niemals eine moderne Schulbildung erhalten. Viele Kinder werden sich nie richtig entwickeln, da ihre jungen Körper unzureichend versorgt werden. Absolute Armut ist auch in Europa noch nicht verschwunden. Da insbesondere in Osteuropa strenge Winter das Leben gefährden, ist die Situation für manche absolut Armen in Europa mindestens so bedrohlich wie in den Least Developed Countries, die ausschließlich in den ständig warmen Tropen liegen. Erfrierende Obdachlose und Straßenkinder sind ein typisches Problem absoluter Armut in Osteuropa.

In den meisten europäischen Ländern ist absolute Armut ein Problem weniger Randgruppen. In vier Ländern jedoch lebt mehr als die Hälfte der Bevölkerung von einem täglichen Einkommen von weniger als 4 US$. In Moldawien sind dies sogar ²/₃ der Bevölkerung. Es handelt sich ausnahmslos um Transitionsländer. Der Umbau der Wirtschaft von einer sozialistischen Planwirtschaft in eine kapitalistische Marktwirtschaft hat bislang nicht zu einer Verbesserung der Versorgungssituation der Bevölkerung geführt. Vielmehr steigt die Ungleichverteilung stark an. In der Russischen Föderation beträgt der Gini-Koeffizient fast 0,5.

Diese wenigen Ausführungen sollen genügen um aufzuzeigen, dass absolute und relative Armut in Europa bis heute weit verbreitet sind. Länder, mit denen wir in der Europäischen Union eng verbunden sind, haben große Verteilungsprobleme. So beziehen die reichsten 10 % der Einwohner Großbritanniens 27,3 % des nationalen Einkommens, während die ärmsten 10 % nur 2,6 % zur Verfügung haben. Die Zahl der Langzeitarbeitslosen ist in Großbritannien relativ gering, so dass der Schluss nahe liegt, dass es eine große Schicht der „working poor“ gibt: Menschen, die einen oder sogar mehrere „Jobs“ haben, jedoch von dem geringen Einkommen nicht leben können.

Die Freizügigkeit innerhalb der EU, die Aufnahme neuer Länder in die Union sowie die bittere Armut in den angrenzenden Gebieten wird das europäische Armutsproblem in den nächsten Jahren deutlich zum Vorschein kommen lassen. Schlecht bezahlte Arbeiter aus den Armutsgebieten Europas werden in die reicheren Kerne vorstoßen und die Sozialsysteme dieser Länder herausfordern. Ältere Menschen aus Mitteleuropa werden ihren Lebensabend in den Gebieten mit niedrigeren Lohnkosten verbringen. Asylsuchende Europäer und Wirtschaftsflüchtlinge werden eine ständige „Bedrohung“ des Sozialsystems sein.

Diakonische Unternehmen müssen sich auf eine Internationalisierung ihrer Klienten einstellen. Erfolglose Arbeitssuchende aus allen EU-Ländern werden in Kürze zu Obdachlosen, die den Heimweg nicht mehr schaffen. Rentner, die als gesunde 65jährige nach Mallorca zogen und mit 85 Jahren die Preise kommerzieller ambulanter Pflegedienste auf dieser Insel nicht bezahlen können, werden verarmt und pflegebedürftig nach Deutschland zurückkehren. Sie benötigen preisgünstige Pflegeheime.

Als Christen sollten wir uns fragen, wie kleinräumig wir unseren Einzugsbereich festlegen. Noch vor wenigen Jahren verstanden sich diakonische Einrichtungen meist als lokale Anbieter sozialer Dienstleistungen. Die Kirchengemeinde oder der Bezirk waren das Maß aller Dinge. Heute verstehen sich die meisten diakonischen Sozialleistungsunternehmen als regionale Akteure, die im Verbund mit anderen Anbietern eine Region abdecken. Einige Träger haben erkannt, dass nur deutschlandweit eine zielgruppengerechte Arbeit möglich ist. So sind beispielsweise Wohnungslose sehr mobil. Sie halten sich weder an die Grenzen der Bundesländer noch an die Abmachungen sozialer Anbieter über ihre Gebietsmonopole. Deshalb ist es nur folgerichtig, wenn lokale Anbieter nationale Kompetenz entwickeln und überregionale Kooperationen eingehen.

In Zukunft wird jedoch Europa die Herausforderung sein. Die biblischen Grundwerte der Gerechtigkeit und der Nächstenliebe gelten auch für die Menschen in Albanien, in Irland oder in Moldawien. Dürfen wir sie bei unseren Planungen außer Acht lassen? Können wir die Hilfe für diese Länder wirklich „Brot für die Welt" oder der Katastrophenhilfe des Diakonischen Werkes überlassen? Die Armut vor unserer europäischen Haustür wird zum Maßstab für globale Nächstenliebe.

3.3 Armut in Deutschland

In der obigen Tabelle hält die Bundesrepublik Deutschland einen mittleren Platz innerhalb der EU-Staaten. Ein Gini-Koeffizient von 30 sowie ein Anteil der Bevölkerung mit einem Einkommen von weniger als 50 % des Medians von 7,5 % weisen Deutschland als ein Land aus, das zwar die absolute Armut mit wenigen Ausnahmen beseitigt hat, jedoch einen nicht geringen Teil seiner Bevölkerung immer noch vom normalen gesellschaftlichen Leben ausgrenzt. Im Folgenden soll die Armutsproblematik Deutschlands diskutiert werden. Als Grundlage dient der Armuts- und Reichtumsbericht der Bundesregierung (Bundesministerium für Arbeit und Sozialordnung 2001a).

3.3.1 Monetäre Aspekte der Armut

Die Bundesrepublik Deutschland als freiheitlich-demokratischer Rechtsstaat hat im Grundgesetz eine Wirtschaftsform beschrieben, die eine Zwischenform zwischen der reinen Marktwirtschaft und dem Sozialismus dargestellt. Die sogenannte Soziale Marktwirtschaft betont die wirtschaftliche Freiheit des Individuums, fordert jedoch gleichzeitig die Sozialverträglichkeit seines Handelns. Sie entwickelt damit dasselbe Spannungsfeld, das in der Bibel existiert (vgl. Kapitel 2.2.2.2): Das individuelle Eigentum wird geschützt, jedoch in seiner Verantwortung für die ganze Volksgemeinschaft gesehen. Die Soziale Marktwirtschaft wird deshalb von vielen Theologen als die Wirtschaftsform angesehen, die von allen praktikablen Systemen dem biblischen Zeugnis am ehesten entspricht (Rich 1992; Bremer 1996).

Eine wichtige Grundlage der Sozialen Marktwirtschaft ist das Prinzip, dass eine Nachfrage ihr Angebot schafft. Die Befriedigung der individuellen Bedürfnisse ist folglich in unserem Wirtschaftssystem stets garantiert, falls die folgenden Bedingungen erfüllt sind: Erstens muss es sich um ein Bedürfnis handeln, das durch materielle Güter gestillt werden kann. Freundschaft – so ist zu hoffen – ist deshalb kein marktfähiges Produkt. Auch noch so große Kaufkraft und ein noch so großes Bedürfnis schafft keine echte Freundschaft. Zweitens darf die Bedürfnisbefriedigung des einen nicht zur Beschränkung der Lebensmöglichkeiten des anderen führen. Gesetze schränken deshalb die Bedürfnisbefriedigung des Individuums ein. Drittens muss die Kaufkraft ausreichend hoch sein, um unter Abwägung aller Risiken ein Angebot lukrativ erscheinen zu lassen. Der Gewinn, den ein Geschäft verspricht, garantiert, dass sich für jede Nachfrage auch ein Angebot findet. Wo allerdings kein Gewinn möglich ist, wird auch dann kein Markt entstehen, wenn das Bedürfnis dringend ist.

Die Existenz von Einkommen bzw. Vermögen ist damit in der Sozialen Marktwirtschaft eine notwendige und hinreichende Bedingung für die Befriedigung existentieller Grundbedürfnisse. Wer genug Geld hat, kann seine Bedürfnisse selbst befriedigen. Der Reiche ist nicht hilflos. Es ist zwar richtig, dass Armut nicht nur materielle Aspekte hat, sondern sich auch in Gesundheit, Bildung, Handlungsfähigkeit, sozialer Beziehung, Zugang zu Kultur und zum öffentlichen Leben äußert. Gleichzeitig hat Armut in einer Sozialen Marktwirtschaft jedoch immer auch eine materielle Seite. Deshalb ist es nötig, im Folgenden die Struktur des Einkommens und des Vermögens (bzw. der Schulden als negatives Vermögen) in Deutschland zu analysieren.

3.3.1.1 Einkommensarmut

Der Bericht „Lebenslagen in Deutschland" nennt verschiedene Armutsgrenzen. Zum ersten berechnet er die 50%- und die 60%-Grenze. Danach gilt als relativ arm, wer höchstens 50% bzw. 60% des durchschnittlichen Einkommens erzielt. Es muss jedoch, zweitens, exakt definiert sein, was man unter dem „durchschnittlichen" Einkommen versteht. Es gibt zwei statistische Maße für den Durchschnitt, die hier sinnvoll ist: der Median und das arithmetische Mittel. Das folgende Beispiel verdeutlicht den Unterschied.

Eine Bevölkerung bestehe aus drei Personen A, B und C. A hat ein Einkommen von 1030 Euro, B von 2000 Euro und C von 3300 Euro. Wie hoch ist das Durchschnittseinkommen? Das arithmetische Mittel berechnet diesen Durchschnitt, indem die Einkommenssumme gebildet wird, die anschließend durch die Zahl der Personen dividiert wird, d.h.

$$\bar{x} = \frac{1030 + 2000 + 3300}{3} = 2110$$

Das arithmetische Mittel hat den Nachteil, dass in der Regel ein Ergebnis produziert wird, das in der ursprünglichen Verteilung (1030, 2000, 3300) überhaupt nicht vorkommt. Man könnte in diesem Fall jedoch auch einen Durchschnittswert finden, der tatsächlich in der beschriebenen Menge vorhanden ist. Person B hat ein mittleres Einkommen, da genauso viele Menschen ein höheres wie ein niedrigeres Einkommen haben als er. Person B teilt die Menge folglich in zwei gleich große Teilmengen. Er ist damit repräsentativ, 2000 ist ein guter Durchschnitt der Bevölkerung, der Median.

Die Wahl des Durchschnitts entscheidet darüber, ob eine Person relativ arm ist oder nicht. In unserem Beispiel liegt die 50%-Armutsgrenze bei Zugrundelegung des arithmetischen Mittels bei 1055 Euro. Person A ist folglich relativ arm. Verwendet man hingegen den Median als Durchschnitt, so liegt die 50%-Grenze bei 1000 Euro. Person A ist damit nicht relativ arm. Die Wahl des Durchschnittes determiniert folglich die Armutsgrenze. Bei einer Einkommensverteilung ist der Median in der Regel kleiner als das arithmetische Mittel, d.h., bei Verwendung des Medians gelten weniger Menschen als arm als bei Verwendung des anderen Durchschnittswertes.

Drittens ergibt sich noch eine weitere Variationsmöglichkeit der Armutsgrenzen, da sie jeweils für die alten und die neuen OECD-Äquivalenzskalen ausgegeben werden. Äquivalenzskalen dienen der Vergleichbarkeit von Haushalten unterschiedlicher Größe. Betrachten wir hierfür wiederum ein Beispiel: Der Haushalt X besteht nur aus einer Person. Im Haushalt Y leben eine Frau und ein Mann zusammen, sie haben ein Einkommen. Haushalt Z stellt die „klassische" Familie mit Frau, Mann und zwei Kindern (6 und 8 Jahre) dar. Das Einkommen von Haushalt X beträgt 1500 Euro, von Haushalt Y 2000 Euro und von Haushalt Z 2500 Euro.

Welcher der genannten Haushalte verfügt über das höchste Einkommen? Die Frage lässt sich nicht leicht beantworten, denn die Haushaltsgröße und damit der finanzielle Bedarf sind unterschiedlich. Im Haushalt X beträgt das Einkommen 1500 Euro pro Kopf, in Haushalt Y 1000 Euro. Haushalt X ist folglich reicher als Haushalt Y. Wirklich? Jeder weiss, dass zwei Personen nicht doppelt so viel verbrauchen wie eine Person. Die Miete, beispielsweise, ist für beide Haushalte gleich hoch, da zwei Personen in der Regel keine größere Fläche benötigen als eine Person. Sie brauchen auch nur einen Kühlschrank, einen Fernseher und ein Auto zusammen. Zwei Personen, die zusammen in einem Haushalt leben, dürfen deshalb nicht mit zwei Einpersonenhaushalten verglichen werden. Es muss vielmehr eine Umrechnung erfolgen. Hierzu dienen die Äquivalenzskalen. Die Organisation of Economic Cooperation and Development (OECD) schlägt vor, dass die erste Person in einem Haushalt mit der Ziffer 1 und die zweite mit der Ziffer 0,7 zu bewerten ist. Haushalt X hat damit eine Äquivalenzziffer von 1, während Haushalt Y eine Ziffer von 1,7 hat. Damit ergibt sich ein Durchschnittseinkommen pro (gewichteter) Person von 1500 Euro (Haushalt X) bzw. 1176 Euro (Haushalt Y). Das relative Einkommen von Haushalt Y ist folglich geringer als von Haushalt X.

Die Anwendung der Äquivalenzziffer 0,7 aus Haushalt Z würde voraussetzen, dass der finanzielle Bedarf eines sechs- bzw. siebenjährigen Kindes dem eines Erwachsenen entspricht. In der Regel benötigen Kinder jedoch weniger bzw. preisgünstigere Nahrung, Kleidung, Transportmöglichkeiten etc. Die Äquivalenzziffer für Kinder muss deshalb geringer sein als für Erwachsene. Es ergeben sich hierbei zwei Probleme: Erstens muss definiert sein, ab welchem Alter ein Mensch als erwachsen gilt und eine Äquivalenzziffer von 0,7 erhält. Zweitens muss die Höhe der Äquivalenziffern bei Kindern und Erwachsenen in einem Haushalt bestimmt werden.

Die erste Frage beantwortet die OECD eindeutig: Eine Person unter 15 Jahren erhält eine niedrigere Ziffer, eine Person ab 15 Jahren gilt als erwachsen. Die zweite Frage ist schwieriger zu beantworten. Die Höhe der Äquivalenzziffer für Kinder unter 15 Jahren beträgt 0,5 nach der alten bzw. 0,3 nach der neuen OECD-Skala; die entsprechenden Werte für Personen ab 15 Jahren betragen 0,7 bzw. 0,5. Haushalt Z hat damit eine Äquivalenziffer von 2,7 (=1 + 0,7 + 0,5 + 0,5) nach der alten Skala bzw. 2,1 (1 + 0,5 + 0,3 + 0,3) nach der neuen. Die neue Skala bewertet folglich die Lebenshaltungskosten der mit im Haushalt lebenden Personen geringer als die alte Skala.

Fassen wir die Ergebnisse dieses Beispiels zusammen: Haushalt X hat in jedem Fall ein Äquivalenzeinkommen von 1500 Euro. Haushalt Y erhält eine Äquivalenzziffer von 1,7 (1+0,7) nach der alten Skala bzw. 1,5 (1+0,5) nach der neuen Skala. Er erzielt damit ein Äquivalenzeinkommen von 1176 bzw. 1333 Euro. Haushalt Z hat eine Äquivalenziffer von 2,7 bzw. 2,1 und damit ein Äquivalenzeinkommen von 926 bzw. 1190 Euro. Das Einkommen größerer Familien bei Verwendung der alten Skala wird folglich stärker entwertet.

	Alte OECD-Skala	Neue OECD-Skala
Bezugsperson	1	1
Personen ab 15 Jahre	0,7	0,5
Personen unter 15 Jahre	0,5	0,3

Tabelle 7: Äquivalenzskalen

In Kombination aus 50% bzw. 60%-Grenze, Median und arithmetischem Mittel sowie alter und neuer Skala ergeben sich acht verschiedene Armutsgrenzen, die in Tabelle 8 für 1998 ausgewiesen sind. Betrachtet man die gesamte Bundesrepublik Deutschland, so lag 1998 die Armutsgrenze zwischen 1220 DM und 1953 DM. Der niedrigste Wert ergibt sich, falls der Median, eine 50%-Grenze und die alte OECD-Skala verwendet wird. Der Median des Einkommens ist geringer als das arithmetische Mittel. Entsprechend liegt auch die Armutsgrenze niedriger. Die alte OECD-Skala errechnet für alle Haushalter mit mehr als einer Person höhere Äquivalenzwerte, so dass das gewichtete Einkommen dieser Haushalte entsprechend geringer ist. Damit ist die Armutsgrenze geringer als bei der neuen OECD-Skala.

Eine niedrigere Armutsgrenze impliziert ceteris paribus einen geringen Anteil an relativ Armen. Er liegt zwischen 5,7% und 19,9%. Hierbei ist zu beachten, dass die neue OECD-Skala zwar zur Erhöhung der Armutsgrenze führt, jedoch zu einer relativen Verbesserung des Einkommens von Familien mit Kindern. Dieser gegenläufige Effekt gleicht sich zum Teil aus, zum Teil überwiegt der eine oder der andere Effekt. So führt der Übergang von alter zu neuer Äquivalenzskala in Ostdeutschland zu einer Reduktion des Anteils relativ Armer an der Gesamtbevölkerung, wenn die Armutsgrenze auf 50% des arithmetischen Mittel festgelegt wird (15,0% auf 14,7%). In Westdeutschland führt die neue Skala hingegen zu einer Erhöhung des Anteils (9,0% auf 9,1%). Dieser Unterschied ist primär auf eine andere Haushaltsgröße in Ostdeutschland zurückzuführen.

			BRD	West	Ost
Alte Skala	Median	50 %	1220 DM [5,7 %]	1290 DM [5,6 %]	1021 DM [7,7 %]
		60 %	1464 DM [12,4 %]	1547 DM [10,9 %]	1225 DM [18,8 %]
	Arith. Mittel	50 %	1394 DM [10,1 %]	1462 DM [9,0 %]	1106 DM [15,0 %]
		60 %	1672 DM [19,6 %]	1754 DM [17,2 %]	1327 DM [29,6 %]
Neue Skala	Median	50 %	1439 DM [6,2 %]	1519 DM [5,6 %]	1196 DM [8,5 %]
		60 %	1727 DM [12,5 %]	1822 DM [11,0 %]	1435 DM [18,7 %]
	Arith. Mittel	50 %	1628 DM [10,2 %]	1707 DM [9,1 %]	1295 DM [14,7 %]
		60 %	1953 DM [18,7 %]	2048 DM [16,3 %]	1553 DM [28,9 %]

Tabelle 8: Armutsgrenzen in Deutschland (DM/Monat [% der Gesamtbevölkerung])

Quelle: Bundesministerium für Arbeit und Sozialordnung 2001a, S. 26

Unabhängig von der Wahl der Methodik kann festgehalten werden, dass ein nicht zu vernachlässigender Anteil der Bevölkerung Deutschlands als relativ arm einzustufen ist. Die relative Armut in Ostdeutschland ist deutlich häufiger als in Westdeutschland. Je nach Methodik fallen bis zu 30 % der Bevölkerung unter die Armutsgrenze. Sie sind auf Grund ihrer finanziellen Situation von der Lebensweise ausgeschlossen, die in der Bundesrepublik Deutschland als Minimum annehmbar ist.

Die Entwicklung der Ungleichverteilung muss Christen beunruhigen. „Das Ausmaß relativer Einkommensarmut nahm im früheren Bundesgebiet seit Beginn der 80er Jahre kontinuierlich zu“ (Bundesministerium für Arbeit und Sozialordnung 2001a, S. 27), seit der Wiedervereinigung auch in Ostdeutschland. Obwohl das Bruttosozialprodukt und das verfügbare Gesamteinkommen der Deutschen erheblich stieg, verschlechterte sich die Situation der relativ Armen. So erhöhte sich das arithmetische Mittel des realen Nettoäquivalenzeinkommens von 1973 bis 1998 um 33,34 %, während das entsprechende Einkommen der 10 % Ärmsten Deutschlands nur um 13,05 % stieg. Es kommt folglich zu einer stetigen Verschlechterung der Situation Armer.

Der Gini-Koeffizient als Maß der Ungleichverteilung unterstreicht diese Entwicklung. Betrug er 1973 für Westdeutschland noch 0,3860, so stieg er bis 1988 auf 0,4503. Bis 1998 ging er geringfügig auf 0,4435 zurück (bezogen auf die Verteilung der Marktäquivalenzeinkommen nach der alten OECD-Skala; Bundesministerium für Arbeit und Sozialordnung 2001b, S. 45). Der Gini-Koeffizient für Ostdeutschland stieg seit 1993 von 0,4678 auf 0,4813 an. Deutschland entwickelt sich immer stärker zu einer Klassengesellschaft.

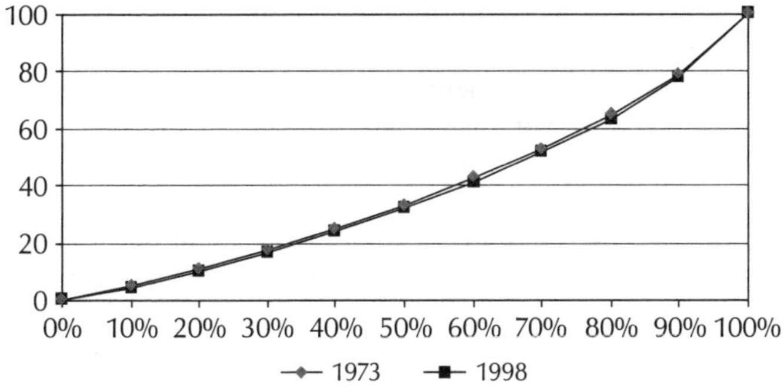

Abbildung 12: Lorenzkurven der Verteilung der Nettoäquivalenzeinkommen 1973 und 1998 (Westdeutschland)

Quelle: Bundesministerium für Arbeit und Sozialordnung 2001b, S. 47

Dieses Ergebnis erstaunt um so mehr, als das Armutsmaß nicht vom Lohn- bzw. Kapitaleinkommen (sogenanntes Faktoreinkommen) errechnet wird, sondern vielmehr die staatlichen Transferleistungen sowie die Steuern berücksichtigt. Das frei verfügbare Einkommen nach allen staatlichen Eingriffen steigt für die Reichen schneller als für die Armen, d.h., die Einkommensverteilung wird ungleicher. Armut wird damit zu einer immer größeren Herausforderung für die Politik, die Kirche und ihre Diakonie.

3.3.1.2 Vermögensarmut

Neben der Einkommensverteilung zeugt auch die Vermögensverteilung von einer starken Ungleichheit in Deutschland. Das Bruttogesamtvermögen wird hierbei als Summe aller Privatvermögen, Geldvermögen und Immobilien berechnet. Nach Abzug der Bau- und Konsumschulden erhält man das Nettogesamtvermögen.

Im Durchschnitt betrug das Bruttogesamtvermögen der Bevölkerung der alten Länder 254000 DM bzw. der neuen Länder 88400 DM. Im internationalen Vergleich ist – wie zu erwarten – die deutsche Bevölkerung sehr reich. Die großen Unterschiede zwischen neuen und alten Ländern sind zum Teil auf die sehr geringe private Sparneigung in der DDR zurückzuführen. Den größten Teil des Nettovermögens stellen Immobilien. 49% der Haushalte der alten Bundesländer haben Immobilienbesitz. In den neuen Bundesländern beträgt diese Statistik 34%. Zwar hat sich der Anteil der Immobilienbesitzer in den letzten Jahrzehnten deutlich erhöht, was zum Teil darauf zurückzuführen ist, dass der Anteil von Eigentumswohnungen gestiegen ist, die auch für kleinere Vermögen erschwinglich sind. Trotzdem sind noch immer über die Hälfte der Westdeutschen und fast zwei Drittel der Ostdeutschen Mieter.

Die Verteilung des Vermögens ist sehr ungleich. Wie Tabelle 9 zeigt, haben die 20% vermögensärmsten Haushalte in den früheren Bundesländern im Durchschnitt nur ein Geldvermögen von 2000 DM. Auch der Wert ihrer Lebensversicherungen beträgt lediglich 1200 DM. Sie sind damit nicht nur monetär arm, sondern auch hochgradig vulnerabil. Kleinste Einkommenseinbußen, z.B. durch Kurzarbeit, Arbeitslosigkeit oder Krankheit, oder auch nur geringfügige Ausgabenerhöhungen, z.B. durch Preiserhöhungen oder Krankheit stürzen diese Haushalte in die Verschuldung. Der durchschnittliche Immobilienbesitz von 1600 DM in diesem 20%-Quantil zeigt auf, dass praktisch alle Haushalte dieser Schicht in Miete wohnen. Mieterhöhungen führen unmittelbar zur Verschuldung.

Tatsächlich sind die meisten dieser Haushalte stark verschuldet. Ihr Bruttovermögen ist deutlich geringer als ihr Gesamtvermögen. Da ihr Einkommen in der Regel gerade für die Deckung des Existenzminimums ausreicht, sind sie kaum mehr in der Lage, ihre Schulden zurückzuzahlen. Sie sind überschuldet. Da kaum Immobilienbesitz vorliegt (bzw. eine Überschuldung von Immobilien faktisch ausgeschlossen ist), ist anzunehmen, dass die meisten der 20 % vermögensärmsten Haushalte durch Konsumkredite in die Armut geraten sind. Die Situation in den neuen Bundesländern ist ähnlich dramatisch.

	frühere Bundesländer					neue Bundesländer				
	0–20 %	20–40 %	40–60 %	60–80 %	80–100 %	0–20 %	20–40 %	40–60 %	60–80 %	80–100 %
Geldvermögen	2,0	16,1	49,6	49,5	132,5	1,6	8,0	24,0	46,5	51,8
Lebensversicherungen	1,2	6,9	19,0	234	55,8	1,0	3,0	5,6	8,2	9,9
Immobilien	1,6	7,6	103,8	319,2	697,2	1,3	2,3	9,7	62,4	309,4
= Bruttovermögen	4,8	30,6	172,5	392,1	885,4	3,9	13,3	39,4	117,2	371,0
Bau- und Konsumschulden	8,8	8,3	53,1	64,9	81,5	5,9	3,2	8,7	29,3	55,7
= Nettovermögen	–4,0	22,3	119,4	327,2	804,0	–2,0	10,1	30,7	87,9	315,3

Tabelle 9: Verteilung des Vermögens [in 1000 DM]

Quelle: Bundesministerium für Arbeit und Sozialordnung 2001a, S. 45

Das Vermögen der Haushalte der Bundesrepublik Deutschland ist folglich im Durchschnitt sehr hoch, hat jedoch eine breite Streuung. Die Argumentation mit Durchschnittswerten, die praktisch allen volkswirtschaftlichen Modellen zu Grunde liegt, ist ausgesprochen problematisch. Hierzu ein drastisches Beispiel: Legt man eine Hand auf die heiße

Herdplatte und eine ins Gefrierfach, ist die Durchschnittstemperatur, der der Körper ausgesetzt wird, relativ angenehm. Trotzdem wird man sich Verbrennungen und Erfrierungen zuziehen. So ist auch ein Land, das im Durchschnitt zwar reich ist, jedoch extreme Unterschiede im Vermögen aufweist, nicht als gesund zu bezeichnen. Gottes Wille für sein Volk Israel war – wie wir gesehen haben – auf jeden Fall ein anderer.

In den letzten Jahrzehnten wurde intensiv daran gearbeitet, dass die Vermögensverteilung gleichmäßiger wird. Tatsächlich führte insbesondere die Förderung des Immobilienbesitzes zu einer Verbesserung. Allen Anschein nach erreichte diese Förderung jedoch eher den Mittelbau der Gesellschaft, jedoch nicht die Ärmsten. Die Abbildung 13 zeigt eine „typische“ Sparfunktion, d.h., sie stellt dem Einkommen das Sparen gegenüber. Da Vermögen entweder ererbt oder durch Sparen geschaffen wird, ist die Sparfunktion der Schlüssel zum Verständnis der Vermögensverteilung. In der Abbildung wird deutlich, dass das Sparen und damit die Vermögensbildung je geringer ist, desto geringer das Einkommen ist. Dabei kommt es unterhalb (links) des Existenzminimums zu einem „Entsparen“, d.h. zu einer Kreditaufnahme. Wenn das Einkommen unterhalb dieses kritischen Punktes liegt, wird kein Vermögen, sondern Schulden aufgebaut. Die Sparfunktion ist jedoch nicht linear, sondern progressiv. In der Regel kann von einem höheren Einkommen überproportional viel gespart werden. Einkommensreiche sparen also verhältnismäßig viel und werden damit auch ein überproportionales Vermögen erwerben. Auch hier muss allerdings beachtet werden, dass die Sparfunktion einen Durchschnittswert darstellt. Die individuelle Sparneigung weicht davon ab. Der sprichwörtliche „schwäbische Fleiß und Geiz“ führt damit nicht nur zu einem hohen Einkommen, sondern auch zu einer besonders hohen Sparneigung und Vermögensbildung.

Für eine armutsorientierte Diakonie sind die Haushalte unterhalb des Existenzminimums bzw. der Verschuldung als primäre Zielgruppe relevant. Selbst wenn sie ihren Le-

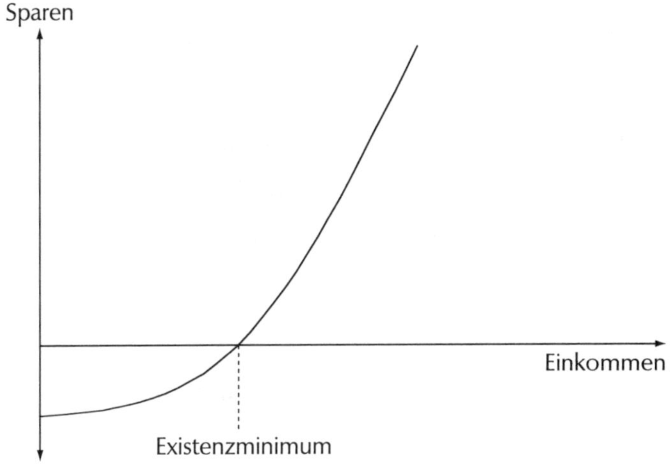

Abbildung 13: Sparfunktion

bensunterhalt stark einschränken („Wohlverhalten"), können sie ihren laufenden Zahlungsverpflichtungen nicht aus dem Einkommen nachkommen. „Sie geraten in eine ernste Unterversorgungslage, sind im alltäglichen Leben eingeschränkt und Stress sowie psychischem Druck ausgesetzt. Finanzielle und psychosoziale Destabilisierung verstärken sich oft gegenseitig" (Bundesministerium für Arbeit und Sozialordnung 2001a, S. 68). Wie Tabelle 10 zeigt, ist die Zahl der Überschuldungsfälle in den letzten Jahren stark angestiegen. Schuldnerberatung, Entschuldung und Restschuldbefreiung müssen deshalb Schwerpunkte diakonischer Armutsarbeit sein.

Mit diesen wenigen Ausführungen soll belegt werden, dass Armut in Deutschland ein schwerwiegendes Problem großer Bevölkerungsgruppen ist. Das Fehlen von Einkommen und Vermögen hindert diese Menschen daran, sich die Güter zu beschaffen, die ihre existentiellen Grundbedürfnisse befriedigen können. Sie sind damit nicht mehr in der Lage, ein „normales" Leben zu führen. Sie werden aufgrund der monetären Armut marginalisiert. Einige soziale

Jahr	Westdeutschland	Ostdeutschland	Gesamt
1989	1,2 Mio.	–	–
1994	1,5 Mio.	0,5 Mio.	2,0 Mio.
1997	2,1 Mio.	0,58 Mio.	2,68 Mio.
1999	1,9 Mio.	0,87 Mio.	2,77 Mio.

Tabelle 10: Überschuldungsfälle in Deutschland

Quelle: Bundesministerium für Arbeit und Sozialordnung 2001a, S. 69

Gruppen sind hierbei besonders häufig und intensiv betroffen. Ihre Armutssituation soll im Folgenden kurz analysiert werden.

3.3.2 *Armutsgruppen*

Familien mit Kindern, Menschen mit geringer Bildung, Arbeitslose, Rentner, Wohnungslose, Menschen mit Behinderung oder chronischen Krankheiten sowie Zuwanderer sind in Deutschland besonders häufig arm. In der Regel bilden diese Faktoren und die Armut die Komponenten eines autokatalytischen Prozesses, der leicht von einem „normalen" Leben zu existentieller Armut führen kann. Abbildung 14 zeigt dies für das Beispiel der Gesundheit.

Materielle Armut führt zu einer geringen Schul- bzw. Ausbildung. Deshalb stehen Armen bzw. Kindern aus armen Familien überwiegend schlecht bezahlte Berufe mit hohem gesundheitlichem Risiko offen. Auch die Wohnverhältnisse stellen ein Gesundheitsrisiko dar. Gleichzeitig haben Arme weniger Bewältigungsressourcen, da viele gesundheitsförderliche Freizeitaktivitäten (z.B. Urlaub) für sie nicht erschwinglich sind. Aufgrund ihrer materiellen Armut erhalten sie eine schlechtere medizinische Versorgung. Selbst Leistungen, die ihnen unentgeltlich zustehen würden, können sie wegen ihrer geringen Bildung nicht einfordern. Da Arme in der Regel auch keine sozialen Pressuregroups sind, können sie ihre Ansprüche nicht durchsetzen. Die genannten Faktoren bedingen ein schlechtes Gesundheitsverhalten, d.h., Arme rauchen verhältnismäßig viel, trinken mehr Alkohol und leiden häufiger an Übergewicht als der Durchschnitt. Vor allem jedoch suchen sie erst dann ärztliche Hilfe, wenn die Symptome massiv werden (Symptom-Toleranz). Aus allen diesen Faktoren ergibt sich ein erheblich gesteigertes Krankheits- und Sterblichkeitsrisiko.

Die höhere Morbidität und Mortalität führt nun wiederum zu wachsender Armut. Wer öfters krank ist, hat ein höheres Arbeitslosigkeitsrisiko. Er hat keine Kraft, an Fortbildungen teilzunehmen und sich weiterzuqualifizieren. Unter Umständen wird ein Teil der häuslichen Arbeitskraft durch die Pflege des Kranken absorbiert. Die materielle Armut wird erhöht. Damit entwickelt sich ein Teufelskreis: Armut führt zu Krankheit und Krankheit zu steigender Armut. Ist dieser Prozess einmal in Gang gekommen, katalysiert er sich immer wieder selbst.

Wie Tabelle 11 zeigt, ist die altersstandardisierte Sterblichkeit für koronare Herzkrankheiten bei Männern stark von der sozialen Schicht abhängig. Die Annahme, der Herzinfarkt sei eine „Managerkrankheit", d.h. ein Problem der Oberschicht, ist falsch. Der Herzinfarkt ist zum großen Teil ein Armutsproblem. Die unteren Schichten ernähren sich fettreicher und treiben weniger Sport als die oberen, da eine gesunde Ernährung teuer und körperliche Fitness in den billigeren Wohngegenden schwierig oder kostenintensiv ist. Interessant ist hierbei insbesondere, dass das Sterberisiko in der Oberschicht von 1970 bis 1991 um 54% abnahm, während es in der Unterschicht um 10% stieg. Noch deutlicher ist die Risikoerhöhung bei Diabetes Typ II: „Frauen und Männer in un- und angelernten Positionen haben im Vergleich zu Angehörigen der höchsten Berufspositionen ein vierfach erhöhtes Erkrankungsrisiko" (Geyer 2001, S. 7). Armut führt folglich zu einer weiteren Steigerung der gesundheitlichen Ungleichheit.

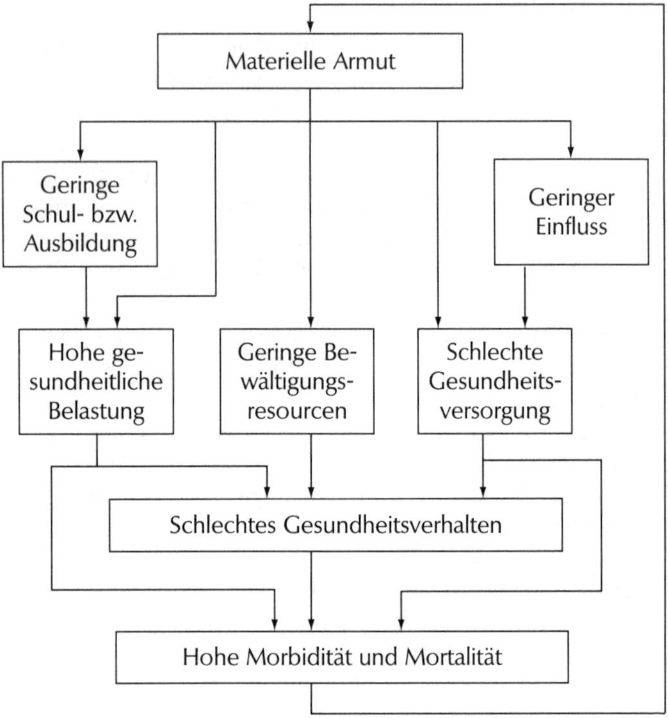

Abbildung 14: Gesundheit und Armut

Quelle: in Anlehnung an Elkeles & Mielck (1997, S. 137–143)

Ähnliche Zusammenhänge lassen sich auch für die anderen Faktoren aufzeigen: eine hohe Zahl von Kindern führt zu materieller Armut, wobei jedoch eine gewisse Tendenz nachzuweisen ist, dass Arme überdurchschnittlich viele Kinder haben. Ebenso führt eine geringe Bildung zur Armut, während Armut keine Ressourcen für Weiterbildung bereitstellt. Besonders problematisch an diesen Teufelskreisen ist, dass sich die Armutsspirale oftmals unablässig weiter dreht, wenn sie einmal angestoßen wurde. Die größte Zahl der Armen in Deutschland liegt in der Schnittmenge der Risikogruppen: Familien mit Kindern, geringer Ausbildung, schlechten Wohnverhältnissen, Arbeitslosig

	Risiko per 100000
Oberschicht	80
Obere Mittelschicht	90
Mittelschicht	140
Untere Mittelschicht	160
Unterschicht	240
Durchschnitt	130

Tabelle 11: Altersstandardisierte Mortalitätsraten für koronare Herzkrankheiten pro 100000 Männern im Alter von 20–64 Jahren nach Sozialschicht, England und Wales

Quelle: Helmert & Voges (2001, S. 5–6)

keit und chronischen Krankheiten. Das interdependente System aller Faktoren führt zu einem Abwärtsprozess, der von den Betroffenen selbst kaum aufgehalten werden kann. Deshalb kommt der Armutsbekämpfung eine hohe Bedeutung zu: Der autokatalytische Prozess muss rechtzeitig gestoppt werden.

3.3.3 *Armutsbekämpfung in Deutschland*

Der Armutsbericht der Bundesregierung gibt eine breite Fülle von sozialpolitischen Maßnahmen der Armutsbekämpfung wieder. Hierzu gehört die Sicherung des Existenzminimums durch die Sozialhilfe, die Möglichkeit der Privatinsolvenz, eine familienförderliche Steuerpolitik, die Einrichtung von Kindertagesstätten und Ganztagsschulen sowie die Gesundheits- und Arbeitsmarktpolitik. Christen müssen eine armutsorientierte Sozialpolitik fordern, d.h. die Ausrichtung der gesamten Sozialpolitik auf das Ziel der Armutsprävention und -bekämpfung.

In einem Buch, das sich mit der armutsorientierten Diakonie beschäftigt, kann auf eine vertiefte Darstellung der Sozialpolitik verzichtet werden. Die Einwirkung der Kirche und ihrer Diakonie auf die Sozialpolitik, die Wahrnehmung des politischen Diakonats ist zweifelsohne ein wichtiger Auftrag der Diakonie. Er entbindet sie jedoch nicht von der Verpflichtung, ihr eigenes Leistungsprogramm armutsorientiert zu gestalten. Das politische Diakonat wird unglaubwürdig, wenn die Diakonie nicht gleichzeitig die Forderung nach einer wirkungsvollen Armutsbekämpfung in ihren eigenen Einrichtungen verwirklicht. Die Angebote der Diakonie sollten sich deshalb bewusst an die Unterschicht wenden, diakonische Sozialleistungsunternehmen sollten diesen Bereich nicht der Arbeiterwohlfahrt überlassen. Hierzu nur einige wenige Anregungen, die im vierten Kapitel noch vertieft werden:

- Wohnungslosenhilfe: Wohnungslose können das physiologische Grundbedürfnis nach einem warmen und sicheren Zuhause nicht selbständig decken. Es ist wichtig, den sozialen Wohnungsbau vom Bund und den Ländern zu fordern. Die kirchlichen Wohnungsbaugesellschaften müssen jedoch mit gutem Beispiel vorangehen und Wohnraum für sozial Schwache schaffen. Ein statistischer Nachweis ist schwierig zu erbringen, es scheint jedoch eine gewisse Tendenz dieser Gesellschaften zu geben, lieber Reihenhäuser als Sozialwohnungen zu errichten.

- Altenheime für Randgruppen: Alte Menschen mit besonderen Problemen finden oftmals keinen Platz in einem „normalen" Altenheim. Hierzu gehören wohnungslose Alkoholiker, die am Ende ihres Lebens krank und vereinsamt einen Platz suchen, an dem sie in Würde leben können. Es gibt kaum Einrichtungen für diese Klientel. Statt dessen sprießen die Angebote Betreuten Wohnens für die Oberschicht aus dem Boden, auch in kirchlicher Trägerschaft.

- Jugendarbeit mit Spätaussiedlern: Eine wachsende Zahl von Jugendlichen aus Familien, die erst vor wenigen Jahren aus Rumänien, Russland oder der Ukraine nach Deutschland kamen, findet nur schwer ihren Platz in Deutschland. Viele leben unterhalb der Armutsgrenze. In den evangelischen Kirchengemeinden finden sich kaum Angebote für sie, obwohl in der Regel zumindest die ältere Generation noch eine intensive Bindung an die Ortsgemeinde hat.

- Insolvenzberatung: Das neue Insolvenzrecht bietet die Möglichkeit einer Restschuldbefreiung. Da das Verfahren jedoch aufwendig und in der Regel selbst mit Kosten verbunden ist, ist die Insolvenzberatung selbst notleidend. Insolvenzberater haben eine wichtige Aufgabe, ihren Klienten eine neue Startchance zu geben. Leider werden diese Dienste nicht ausreichend finanziert, so dass es zu wenige Beratungsstellen gibt.

Diese wenigen Beispiele sollen genügen um aufzuzeigen, dass ein großer Bedarf an armutsorientierter Diakonie besteht. Würden die Manager diakonischer Sozialleistungsunternehmen genauso viel Phantasie für die Bekämpfung der Armut aufbringen wie für die Entwicklung neuer Angebote für die Oberschicht, könnte die Diakonie tatsächlich einen wichtigen Beitrag zur sozialen Gerechtigkeit leisten.

3.4 *Ursachen internationaler und nationaler Armut*

Die Bekämpfung der Armut setzt die Kenntnis der Armutsursachen voraus. Im zweiten Kapitel dieser Arbeit wurde aufgezeigt, dass Armut nicht dem Schöpferwillen entspricht. Armut ist vielmehr ein Charakteristikum der Interimszeit zwischen Lapsus und Wiederkunft Christi. Sie ist damit letztlich auf die zerbrochene Beziehung der Menschheit mit ihrem Schöpfer zurückzuführen. So richtig und wichtig diese Klarstellung ist, für eine konkrete Armutsbekämpfung genügt diese Aussage nicht. Vielmehr müssen Faktoren gesucht werden, die Armut verursachen oder verschärfen.

Fragt man zuerst nach den Ursachen der Armut in Entwicklungsländern, findet man Antworten in der sogenannten „Entwicklungstheorie“ (z.B. Lachmann 1994a; 1994b; 1997a). Abbildung 15 gibt einen groben Überblick über mögliche Armutsursachen.

Der Lebensraum mit seiner Ausstattung an natürlichen Ressourcen kann einen komparativen Nachteil darstellen.

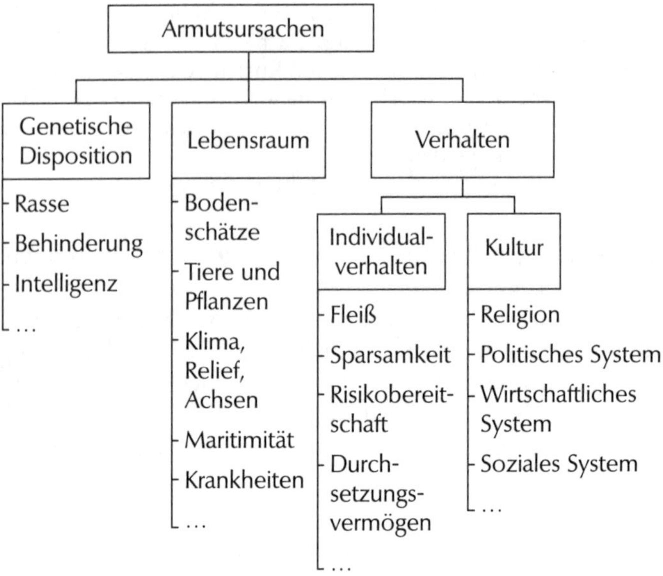

Abbildung 15: Armutsursachen

So begründet Diamond die wirtschaftliche Rückständigkeit der Indianerkulturen Amerikas mit dem Fehlen domestizierbarer Großtiere und geeigneter großsämiger Pflanzen sowie der Ausrichtung der Kontinentalachsen (Diamond 2001). Er fasst seine umfangreiche Analyse mit den Worten zusammen: „Die auffälligen Unterschiede zwischen der Geschichte der Völker der verschiedenen Kontinente, in großen Zeiträumen betrachtet, beruhen nicht auf angeborenen Unterschieden zwischen den Völkern, sondern auf der Unterschiedlichkeit ihrer Umwelt" (S. 501). Selbst im Zeitalter der globalen Transportmittel stellt eine Mittellage für ein Land einen erheblichen Wettbewerbsnachteil dar. So werden Tansania und Kenia, deren Wirtschaftszentren an oder nahe an der Küste liegen (Maritimität), längst reich sein, wenn die „land-locked countries" Ruanda und Burundi noch in Armut verharren. So günstig können sie gar nicht produzieren, dass sie ihre höheren Transportkosten zu den Häfen wettmachen können, und es gibt nur wenige Produkte, die so leicht sind, dass die Transportkosten keine Bedeutung haben.

Auch die genetische Disposition hat einen nicht zu vernachlässigenden Einfluss auf die wirtschaftliche Entwicklung des Menschen. So konnte sich beispielsweise bei den Bantustämmen im südlichen Afrika niemals eine Milchwirtschaft entwickeln, da die überwiegende Mehrheit der Erwachsenen laktoseintollerant ist (Meade, Florin & Gesler 1988, S. 38–39).

Die wirtschaftswissenschaftliche Wachstums- und Entwicklungstheorie hat diese Faktoren weitgehend vernachlässigt. Statt dessen betonte sie die Bedeutung des wirtschaftlichen und politischen Systems. So zeigt der Wirtschaftshistoriker Landes (1999) auf, dass die industrielle Revolution in England nur in einem relativ freien Wirtschaftssystem möglich war. Sen weist die Bedeutung der Demokratie für den wirtschaftlichen Fortschritt nach (Sen 1981). Auch die Religion spielt eine wichtige Rolle, wobei neuere Forschungen (Berger 1994, S. 97–110; Müller 1997; Iannaccone 1998, S. 1465–1496) die klassische These von Weber (Weber 1958, S. 493–548) bestätigen, dass die Religion bzw. die Konfession einen erheblichen Einfluss auf Sparquote, Innovationsfreude und Wirtschaftswachstum haben. Neben der Religion beeinflussen zahlreiche andere kulturelle Faktoren das Wirtschaftsleben. Fleiß, Sparsamkeit, Risikofreude und Durchsetzungsvermögen sind in den unterschiedlichen Kulturen verschieden ausgeprägt. Der sprichwörtliche „Schwabenfleiß" und die „bayerische Gemütlichkeit" stehen einander gegenüber wie der „sun belt" und der „rust belt" der USA.

Es ist selbstverständlich, dass sich die Faktoren gegenseitig bedingen. So führt ein heißes und feuchtes Klima zu einer geringeren täglichen Arbeitsleistung, was wiederum erhebliche Auswirkungen auf Fleiß, Risikoneigung und Sparsamkeit hat. Die Tropen sind die Heimat zahlreicher parasitärer Krankheiten. So schätzt man beispielsweise, dass zwischen 5 und 20 Manntage pro Malariainfektion der Volkswirtschaft entgehen (Russell & Menon 1942, S. 167–180; Conly 1975; Malik 1996). Bei der großen Häufigkeit der Malariainfektionen in Ostafrika bedeutet dies einen Malaria-bedingten Verlust von bis zu 22% der Jahresarbeitskraft (Fleßa 2002, S. 13). Die Organisation of African Union (OAU) schätzt, dass der Verlust an Arbeitskraft und die Behandlungskosten 3,6 Milliarden US$ pro Jahr betragen (Africa Health 1997, S. 26–27). Malaria könnte mit ausreichenden Ressourcen ausgerottet oder zumindest stark zurückgedrängt werden. Armut führt folglich zu Krankheit, und Krankheit wiederum zu Armut. Wiederum ein autokatalytischer Prozess.

Die unterschiedliche Ausstattung mit natürlichen Ressourcen expliziert ein Problem, das mit dem Begriff „Theodizee" bezeichnet wird (Hedinger 1972). Wie kann Gott „gut" und „barmherzig" sein, wenn er Leid und Elend auf der Welt zulässt? Wie kann Gott gerecht sein, wenn er Menschen mit völlig unterschiedlichen Startchancen auf die Welt kommen lässt? Zwar sind die differenten Ausgangsbedingungen zum Teil menschlich verschuldet (z.B. durch Abholzung), aber die Ausstattung mit Rohstoffen, die Ausrichtung der Kontinentalachsen und der Grundbestand an domestizierbaren Tieren und Pflanzen sind nicht vom Menschen beeinflusst oder verantwortet. Ein billiger Verweis auf den ausschließlich menschlichen Ursprung der Armut verbietet sich Christen deshalb ebenso wie die Vertröstung der Armen auf das Jenseits. Die Klage Hiobs über sein Schicksal ist legitim – die Klage der armen Völker dieser Erde über ihre zum Teil ererbten Armutsfaktoren sollen zu Gottes Gehör genauso wie zu den Ohren ihrer Mitchristen dringen.

Weiterhin muss die Frage nach den Ursachen der Armut bestimmter sozialer Gruppen – in Deutschland wie weltweit – gestellt werden. Auch die Armut von Familien mit Kindern, Menschen mit Behinderung, Wohnungslosen, Arbeitslosen, Kleinbauern und Kranken wird durch bestimmte Faktoren ausgelöst und verschärft. Die geographischen Faktoren treten – mit wenigen Ausnahmen, z.B. dem

Relief bei Bergbauern – in den Hintergrund, während das Gruppenverhalten sehr wichtig wird. So zeigt beispielsweise Levine (1997, S. 245–249), dass Armutsgruppen in den USA stark in der Gegenwart leben. Die Zukunft hat für sie kaum Bedeutung. Entsprechend wird das ganze Einkommen für Verbrauchsgüter ausgegeben, der Kauf von Gebrauchsgütern oder gar Sparen sind selten. Selbst wenn diese Haushalte mehr Geld einnehmen, werden sie es fast vollständig konsumieren. Die Bereitschaft, ein Risiko mit hoher zukünftiger Gewinnchance einzugehen, ist gering. Banfield, der eine Analyse über Armut in Städten durchführte, fasst dies mit den Worten zusammen: „Extreme Gegenwartsorientierung, nicht das Fehlen von Einkommen oder Wohlstand, ist die Hauptursache der Armut" (Banfield 1968, S. 125–126).

Darüber hinaus gibt es jedoch eine Reihe von Dispositionen zur Armut, die weder kulturell noch individuell geprägt sind. Behinderte und chronisch Kranke, beispielsweise, haben in allen Kulturen ein höheres Armutsrisiko, da in der Regel ihre Produktivität geringer ist oder ihre Unterhaltskosten höher sind als von Nichtbehinderten. Zwar verfügt Deutschland über eine fortschrittliche Sozial- und Arbeitsgesetzgebung, aber Behinderte und Chronischkranke sind häufiger von Arbeitslosigkeit betroffen, haben geringere Aufstiegschancen und benötigen oftmals aufwendig ausgestattete Wohnungen.

In der politischen Diskussion ist umstritten, ob Armut durch soziale Ausgrenzung erzeugt wird. In der Geschichte wurden häufig soziale Gruppen in ihrer Wirtschaftsaktivität so eingeschränkt, dass sie verarmten. Zum Teil wurden sie durch politischen Druck zu armen Flüchtlingen. Das Grundgesetz der Bundesrepublik Deutschland formulierte deshalb die Grundrechte primär als Staatsabwehrrechte: der Staat darf die wirtschaftliche Aktivität seiner Bürger nur in geregelten Ausnahmefällen einschränken und darf ihn durch diese Eingriffe nicht zur Armut verdammen. Jeder Bürger hat das Recht zu arbeiten, einem Gewerbe nachzugehen, zu sparen oder ein Risiko einzugehen. Diese

Grundrechte werden zum Teil weitergehend als Teilhaberechte verstanden, d.h., dem Staat erwächst die Pflicht, seinen Bürgern Arbeit zu verschaffen, ihre wirtschaftliche Betätigung zu fördern oder ihr Risiko mitzutragen. Der Übergang von Staatsabwehrrechten zu Teilhaberechten legt den Interessenvertretungen der Armutsgruppen ein besonderes Gewicht bei: Die Wahrnehmung ihrer Not und die Durchsetzung ihrer Interessen in der Gesetzgebung hängen entscheidend von einer guten Lobby-Arbeit ab. Da Arme in der Regel hierzu nicht in der Lage sind, sind Kirchen gerufen, ihre Stimme zu erheben. In einem demokratischen Rechtsstaat, der Grundrechte zum großen Teil als Verpflichtung des Staates zum aktiven Eingreifen interpretiert, können die Kirchen viel dazu beitragen, dass soziale Ausgrenzung und damit Armut reduziert wird.

Betrachtet man Armut auf einer individuellen Ebene, fällt zuerst auf, dass es auch in den ärmsten Ländern Reiche gibt. Gerade in den Entwicklungsländern mit geringer staatlicher Ordnung, hohem Risiko und ungemein hohen Gewinnchancen können Unternehmer unvorstellbar reich werden. Neumann (1990) weist nach, dass erfolgreiches Unternehmertum immer mehrere Voraussetzungen hat: Fleiß, Sparsamkeit, Risikobereitschaft und Glück. Er betont insbesondere die Bedeutung der Zukunftsorientierung, die sich in einer sprichwörtlichen Sparsamkeit („an den Reichen kann man das Sparen lernen") äußert. Er zeigt jedoch auch auf, dass diese Tugend im Generationenwechsel meist verkümmert, da Kinder, die im Wohlstand aufgezogen wurden, nicht so sparsam sind wie ihre Eltern. Deshalb kommt es zum Aufstieg und Abstieg von Unternehmerdynastien (von Neumann als Buddenbrook-Syndrom bezeichnet): Der Großvater mit seiner unendlichen Sparsamkeit erwirbt es, der Vater genießt und erhält es, der Enkel verpulvert es im Konsumrausch.

Damit soll nicht ausgesagt werden, dass individuelle Armut stets das Ergebnis einer hohen Konsumneigung ist. Vielmehr spielt die genetische Disposition, z.B. die Begabungen, eine große Rolle. Weiterhin eine Reihe von Faktoren, die nicht unmittelbar vom Individuum zu vertreten sind: Gesundheit, Risikoneigung, wirtschaftliche Wechsellagen etc. Ist der autokatalytische Prozess der Armut erst einmal im Gang, können leicht auch Menschen in die Armutsspirale geraten, denen dies vorher niemand prognostiziert hätte. Die Entstehung von Armut erscheint als ein chaotischer Prozess, wo eine kleine Ursache größte Wirkungen haben kann.

Zusammenfassend müssen wir feststellen, dass Armut ein schwerwiegendes Problem auf nationaler wie internationaler Ebene ist. Zwar hat sich die existentielle Armut in Deutschland in wenige Randbereiche zurückgezogen, relative Armut verhindert jedoch bis heute, dass Arme ein „normales" Leben in diesem Land führen können. Sie werden marginalisiert, von einem selbstbestimmten Leben ausgeschlossen und ihrer Würde beraubt, weil sie materiell arm sind. Die Kirche und ihre Diakonie müssen darauf antworten. Sie müssen ihre Angebote überprüfen und neu zusammenstellen, um Armut intensiver bekämpfen zu können. Oder betriebswirtschaftlich gesprochen: Wir brauchen eine armutsorientierte Leistungspolitik diakonischer Sozialleistungsunternehmen.

4 Erwägungen zu einer diakonischen Leistungspolitik

Die theologische Analyse im zweiten Kapitel dieser Arbeit führte zu dem Resultat, dass das christliche Wertesystem eine armutsorientierte Diakonie fordert. In der Bekämpfung der Armut und der Hilfe für Vulnerabile erfüllen sich die christlichen Werte Gerechtigkeit und Nächstenliebe, in der Zuwendung an materiell Benachteiligte verwirklicht sich das biblische Menschenbild. Im dritten Kapitel wurde aufgezeigt, dass der Auftrag zur Armenhilfe heute so dringend ist wie früher, denn „Arme habt ihr allezeit". Zweifelsohne ist die Armutsbekämpfung eine große und wichtige Aufgabe der Diakonie.

Dieser Aussage wird wahrscheinlich jeder Interessierte zustimmen. Eine Diakonie, die auch Armenhilfe betreibt, ist jedoch noch keine armutsorientierte Diakonie. Sie wird armutsorientiert, wenn sie primär und überwiegend ihre Angebote auf Arme zuschneidet. Die Armutsorientierung setzt voraus, dass die Zuwendung zu den materiell Armen das Proprium christlicher Liebestätigkeit ist. Und gerade daran scheiden sich die Geister: Sollte die Diakonie auch Armutshilfe betreiben, oder sollte sie sich überwiegend damit beschäftigen und eventuell sogar andere Dienste aufgeben? Gibt es Raum für eine nicht-armutsorientierte Diakonie? Und wenn ja, welchen Anteil darf das Produktspektrum nicht-armutsorientierter Diakonie an der gesamten Leistungspalette einnehmen?

Diese Fragen werden in der Betriebswirtschaft unter dem Stichwort „Produktionsprogrammplanung" diskutiert. So fragt z. B. das Management einer Lebkuchenfabrik, ob bzw. wie viele Oblatenlebkuchen, Lebkuchen mit Zuckerguss, mit Schokoguss oder Elisenlebkuchen ohne Guss sie herstellen sollten. Natürlich ist auch der Durchmesser der Lebkuchen und die Größe der Packung bedeutend. Allgemeiner gesagt: Die Produktionsprogrammplanung determiniert, wieviel von welchem Produkt hergestellt werden soll. Im Dienstleistungsbereich spricht man eher von der Leistungspolitik bzw. Leistungsprogrammplanung. So überlegt ein Krankenhaus, wie viele Hüftendoprothesen, wie viele Kniegelenke und wie viele Fettabsaugungen sie im nächsten Jahr durchführen werden. Sie planen ihr Leistungsprogramm.

Auch die Diakonie sollte ihr Leistungsprogramm nicht dem Zufall oder der Tradition überlassen, sondern bewusst gestalten. Während kommerzielle Unternehmen ihr Produktspektrum und die zu produzierende Menge danach auswählen, wie sie ihren Gewinn (bzw. ihren Deckungsbeitrag) maximieren können, sollte die Diakonie ihre Leistungspolitik so festlegen, dass die im zweiten Kapitel diskutierten Ziele bestmöglich erreicht werden. Hierzu wird im ersten Abschnitt ein Marktmodell entwickelt, das den Raum der Diakonie auf den Sozialmärkten beschreibt. Im Anschluss wird die Ökonomisierung der Diakonie diskutiert, die entweder beklagt oder in „Heilandserwartung" überbewertet wird. Schließlich sollen konkrete Hinweise gegeben werden, wie eine armutsorientierte Leistungspolitik erfolgen kann.

4.1 Marktmodell

Ein allgemeines Marktmodell ist hilfreich zum Verständnis der Probleme, die sich aus der wachsenden Konkurrenz für diakonische Sozialleistungsunternehmen ergeben. Ausgangspunkt ist dabei der sogenannte Markt. Darunter versteht man den Ort, an dem Angebot und Nachfrage nach einem Gut zusammentreffen. Als Gut wird dabei alles definiert, das grundsätzlich Bedürfnisse befriedigen kann. Wasser, Luft, Nahrungsmittel, Autos, Pflegedienstleistungen oder auch Informationen sind Güter, die auf Märkten gehandelt werden können. Konstituierend für alle wirtschaftlichen Aktivitäten sind folglich Bedürfnisse, die zur Nachfrage am Markt werden.

Wie im zweiten Kapitel beschrieben, ist ein Bedürfnis ein subjektives Mangelempfinden verbunden mit dem Streben, diesen Mangel zu beseitigen. Hinter Bedürfnissen steht oftmals ein objektiv feststellbarer Mangel, jedoch sind objektiver Mangel und subjektives Bedürfnis nicht identisch. So kann beispielsweise ein naturwissenschaftlich feststellbarer Mangel an Gesundheit existieren, ohne automatisch ein Bedürfnis nach Gesundheitsleistungen hervorzurufen. Viele Hypertoniker sind krank (haben einen objektiven Mangel an Gesundheit, den ein Arzt feststellen kann), ohne jedoch ihre Krankheit wahrzunehmen und nach Hilfe zu verlangen. Der Mangel muss vom Kranken erkannt werden, damit ein Antrieb zur Bedürfnisbefriedigung entsteht. Andererseits können auch Bedürfnisse bestehen, die auf keinen naturwissenschaftlich feststellbaren Mangel zurückzuführen sind. So gibt es Menschen, die sich krank fühlen und wiederholt zum Arzt gehen, obwohl kein objektiver Mangel an Gesundheit gegeben ist.

Aus Bedürfnissen wird Bedarf, wenn das Bedürfnis mit konkreten Gütern konfrontiert wird, die zu der Beseitigung des Mangels dienen können (Berekoven 1986, S. 13–14). Dies bedeutet, dass Bedürfnisse im Grunde über alle Zeiten und Kulturen hinweg ähnlich sind, jedoch ganz andere Bedarfe hervorrufen. So hat beispielsweise ein Chinese Hunger wie ein Bayer, und auch unsere Vorfahren kannten das Gefühl des knurrenden Magens. Gleichwohl assoziiert der Bayer mit dem Gefühl Hunger einen großen Kartoffelknödel, während der Chinese sich eine Schale Reis vorstellt, und unser Vorfahre vielleicht einige Wurzeln aus dem Wald zur Befriedigung seines Bedürfnisses suchte. Das konkrete Gut, mit dem ein Bedürfnis befriedigt wird, ist folglich kulturell und zeitlich höchst verschieden.

Der Bedarf wird nur dann zur Nachfrage, wenn genug Kaufkraft vorhanden ist, wenn die Dringlichkeit des Be-

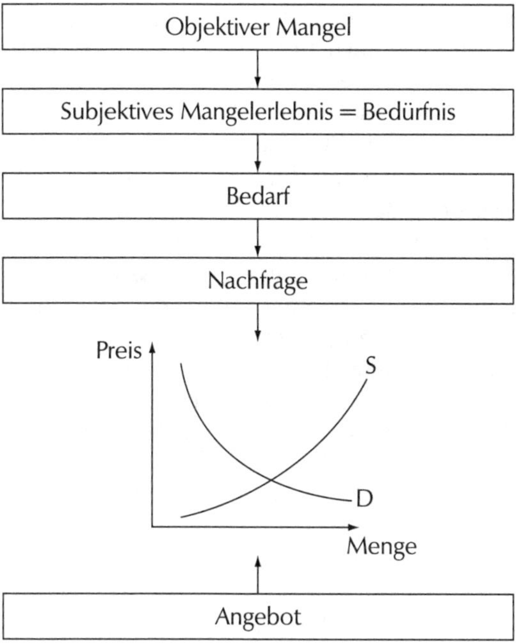

Abbildung 16: Das Rahmenmodell

darfs im Vergleich zu anderen Bedarfen hoch ist, wenn die Qualität des Angebots adäquat und die Bedarfsdeckung in zumutbarer Entfernung möglich ist. Damit sind eine Reihe von Filtern eingebaut, die verhindern, dass ein objektiver Mangel oder ein subjektives Mangelerlebnis zu einer Nachfrage am Markt wird. Damit ist klar, dass auch ein funktionsfähiger Markt nicht automatisch dafür sorgt, dass alle Mangelzustände in einer Gesellschaft erkannt und beseitigt werden. Insbesondere die fehlende Kaufkraft verhindert die Entstehung einer Nachfrage und eines Marktes. Damit unterstreichen wir die These, die bereits vorher aufgestellt wurde: *Materielle Armut ist der primäre Grund dafür, dass Menschen ihre Bedürfnisse nicht selbst befriedigen können.*

Die Nachfrage trifft auf ein Angebot. Grundlage des Angebotes ist der Leistungserstellungsprozess. In einer Marktwirtschaft sind Unternehmer ständig dabei, neue Märkte zu entdecken, um Gewinnchancen auszunutzen. In einer dynamischen Wirtschaft werden Gewinne viele Nachahmer auf den Plan rufen, so dass das Angebot steigt und damit langfristig auch der Preis fällt. Damit kommt es zu einer Reduktion der Gewinne, bis mit der alten Produktionstechnologie oder den alten Produkten nur noch die Kosten gedeckt werden (marginaler Anbieter), am Ende des Lebenszyklus nicht einmal mehr das. Folglich können auf Dauer nur solche Unternehmer überleben, die ständig neue Produkte oder neue Technologien entdecken oder entwickeln, mit deren Hilfe sie auf der Welle schwimmen, statt in der Welle in den Strudel zu geraten. Deshalb ist in einer freien Wirtschaft stets davon auszugehen, dass eine ausreichend kaufkräftige Nachfrage auch einen Unternehmer findet, der diese Nachfrage befriedigt. Nur in extremer Depression mag ein allgemeiner Nachfrageüberhang bestehen, da die unternehmerische Risikoaversion hoch ist. Im Normalfall jedoch kann man voraussetzen, dass ein Bedürfnis hoher Priorität auch durch qualitativ angemessene Güter befriedigt wird, wenn die Kaufkraft ausreicht, um Gewinnchancen für Unternehmer zu bieten.

Der Markt ist deshalb ein effizientes Instrument der Bedürfnisbefriedigung. Dort, wo der Markt funktioniert, werden die Nachfrager besser versorgt als in jedem anderen System. Aus diesem Grunde sind beispielsweise staatliche Eingriffe zur Versorgung der deutschen Bevölkerung mit Johannisbeeren unnötig. Mit der selben Begründung gibt es auch keine kirchlichen Johannisbeerfarmen oder diakonische Johannisbeeranbieter: sie wären völlig unnötig, denn der freie Markt ruft ausreichend Angebot in Aktion, um die Bedürfnisse nach Johannisbeeren zu befriedigen.

Es stellt sich allerdings die Frage, ob der freie Markt ebenfalls bei Sozialleistungen ein befriedigendes Ergebnis liefert. Diese Analyse wird in der Ökonomie unter dem Stichwort „Marktversagen" (Bator 1958, S. 351–379; Jack 1999, S. 162–174) mit zwei Varianten diskutiert. Erstens wird erörtert, ob sich auf Sozialmärkten eine effiziente Verteilung, d.h. ein sogenanntes Pareto-Optimum einstellen kann, oder ob staatliche Eingriffe gegen ein Marktversagen nötig sind. Zweitens wird analysiert, ob ein Pareto-Optimum, selbst wenn es erreicht wird, überhaupt gesellschaftlich wünschenswert ist oder ob Staatseingriffe nötig werden, um Armutsgruppen den Marktzugang zu ermöglichen. Wie wir bereits anhand des obigen Marktmodells gezeigt haben, muss die zweite Frage eindeutig verneint werden: Wenn der Marktmechanismus funktioniert, führt der Markt zwar zu einer effizienten Verteilung, jedoch nicht unbedingt zu einer gerechten. Objektiver Mangel, dem die Kaufkraft fehlt, wird nicht zur Nachfrage und damit auch nicht berücksichtigt. Bei Johannisbeeren oder allen anderen nicht existentiell wichtigen Gütern ist dies akzeptabel, da es ausreichend Substitutionsgüter gibt. Wer sich keine Johannisbeeren leisten kann, ißt eben die billigeren Äpfel, um seinen Vitaminbedarf zu decken. Bei der Grundversorgung, d.h. bei der Sicherung physiologischer Grundbedürfnisse führt ein ausschließliches Vertrauen auf den Markt zu einer Unterversorgung der Armutsgruppen.

Die Erörterung der ersten Frage nimmt breiten Raum in der volkswirtschaftlichen Allokationstheorie ein, die hier nur in Grundzügen anhand des Beispiels von Gesundheitsdienstleistungen dargestellt werden kann (vgl. Gäfgen 1990; Anderson & Schulenburg 1992; Schulenburg 1993, S. 70–94; Breyer & Zweifel 1999, S. 151–163). Ein Pareto-Optimum ist erreicht, „wenn die Besserstellung eines Individuums nur noch auf Kosten anderer möglich ist" (Neumann 1995, S. 9). Das Pareto-Optimum stellt folglich eine effiziente Ressourcenallokation dar. Jede nicht-Pareto-optimale Lösung bedeutet Verschwendung knapper Ressourcen. Bei vollständiger Konkurrenz stellt sich auf dem Markt ein Pareto-Optimum ein, wenn konstante Skalenerträge vorliegen und keine externen Effekte auftreten (Arrow & Debreu 1954, S. 265–290). Vollständige Konkurrenz setzt voraus, dass homogene Güter gehandelt werden, vollkommene Information gegeben ist und unendlich viele

Nachfrager und Anbieter auf dem Markt agieren, bzw. dass freier Marktzutritt für potentielle Anbieter garantiert ist (Polypol) (Neumann 1995, S. 27–30; Lachmann 1997b, S. 57–58). Externe Effekte „liegen immer dann vor, wenn die wirtschaftliche Entscheidung und das wirtschaftliche Handeln eines Wirtschaftssubjektes Vor- oder Nachteile für andere Wirtschaftssubjekte mit sich bringen, für die keine Kompensation erfolgt. Zwischen dem Verursacher und den Betroffenen bestehen keine Marktbeziehungen. [...] Wo immer solche externen Effekte auftreten, versagt der marktliche Mechanismus (Marktversagen)" (Lachmann 1997a, S. 36), d.h., „in vielen Fällen führen Entscheidungen, die rational gesehen für den einzelnen optimal sind, nicht zum gesamtwirtschaftlichen Optimum. Hier handelt es sich um eine Rationalitätenfalle, ein Gefangenendilemma" (Lachmann 1997a, S. 37; vgl. Wiese 1998, S. 404–408).

Es ist fraglich, ob diese Anforderungen im Gesundheitswesen erfüllt sind. Es bestehen zahlreiche sachliche, persönliche, zeitliche und räumliche Präferenzen, so dass von einem homogenen Gut nicht ausgegangen werden kann. Besonders problematisch ist jedoch die Annahme der vollkommenen Information (Arrow 1963, S. 941–969). Stiglitz (1995, S. 21–41) zeigt, dass bei unvollkommener Information kein Pareto-Optimum erreicht wird. Die Beurteilung der Qualität einer medizinischen Dienstleistung ist jedoch sehr subjektiv, und die medizinischen Kenntnisse der meisten Patienten sind ungenügend, so dass sie unmöglich das Risiko präventiver oder kurativer Maßnahmen abschätzen oder die Leistungen mehrerer Anbieter vergleichen können. Sie ist abhängig vom Urteil ihres Arztes, d.h. des Anbieters.

Weiterhin treten im Gesundheitswesen häufig externe Effekte auf, da der Gesundheitszustand eines Menschen oftmals den eines anderen beeinflusst (Jack 1999, S. 162–169), ohne dass dies verrechnet werden könnte. So führt die schnelle Heilung eines Influenza-Patienten nicht nur zu dessen Gesundung, sondern sie reduziert gleichzeitig die Infektionsgefahr für alle anderen Menschen in seiner Nähe. Die

Impfung gegen Masern schützt nicht nur das geimpfte Kind, sondern viele andere Kinder, weil der Anstieg der Herdenimmunität eine Reduktion der Infektionswahrscheinlichkeit auch von ungeimpften Kindern bewirkt (Pönnighaus 1979). Schließlich ist auch die Annahme, dass keine Skalenvorteile auftreten, im Gesundheitswesen unbegründet. Insbesondere die moderne kurative Medizin ist anlagenintensiv, so dass das Phänomen der Fixkostendegression auftritt.

Dies zeigt, dass keine der Voraussetzungen des Pareto-Optimums erfüllt ist. Der Markt für Gesundheitsleistungen (und wie man analog leicht nachweisen kann: für alle Sozialleistungen) führt nicht automatisch zu einer effizienten Ressourcenallokation, so dass dieses Marktversagen durch die staatliche Sozialpolitik kompensiert werden muss. Es liegt deshalb der Schluss nahe, dass der Staat selbst als Produzent und Anbieter sozialer Dienstleistungen auf den Sozialmarkt treten sollte.

In der Realität hat es sich jedoch gezeigt, dass die Leistungserstellung durch den Staat oder durch staatliche Institutionen derart ineffizient ist, dass eine schlechte Versorgungssituation aller Bürger entsteht. Das sogenannte „Staatsversagen" (Grüske 1992) ist auf verschiedene Ursachen zurückzuführen. Erstens bilden der Staat und seine Institutionen eine Mammutunternehmung, die alle Nachteile großer Betriebe aufweist (Skalennachteile). Das Personal verliert den Kontakt zu den Kunden, die Kundenfreundlichkeit nimmt ab. Die Identifikation der Mitarbeiter mit dem Großunternehmen ist gering, dadurch kommt es zu Motivationsproblemen. Großbetriebe neigen zu einer großen, schwerfälligen Bürokratie mit trägen Entscheidungsfindungsprozessen. Sie reagieren damit nur träge auf Veränderungen der Nachfrage und setzen Innovationen kaum oder nur verzögert um.

Zweitens bilden die staatlichen Anbieter oftmals Monopole aus. Es gibt keinen rationalen Grund, warum staatliche Monopole besser sein sollten als private, d.h., die Nachfrager sind diesem alleinigen Anbieter ausgeliefert. Gerade bei existentiellen sozialen Dienstleistungen führt die Monopolstellung zu niedriger Qualität und schlechter Kundenorientierung. Sie nimmt den Druck, innovativ und planerisch zu sein. Drittens stehen öffentliche Unternehmen sehr viel mehr im öffentlichen Bewußtsein und unterliegen viel mehr der öffentlichen Beobachtung, so dass sie unbeliebte Entscheidungen tendenziell herausschieben oder gar vermeiden. Produzent- und Unternehmersein bedeutet jedoch gerade, unbeliebte Entscheidungen treffen zu müssen. Hinzu kommt, viertens, dass staatliche Unternehmen hauptsächlich nach formalen Kriterien, insbesondere nach der Erfüllung der gesetzlichen Grundlagen beurteilt werden, während das Gewinnmotiv keine Rolle spielt. Gewinne – so werden wir später noch sehen – sind ein Maßstab der Effizienzbeurteilung. Fehlt das Gewinnmotiv, erfolgt die Bewertung des Unternehmens oftmals anhand der „braven" Erfüllung der gesetzlichen Vorgaben.

Tatsächlich sind staatliche Unternehmen oftmals von großen Ineffizienzen geprägt. Damit ergibt sich ein Dilemma: Der freie Markt für Sozialleistungen führt weder zu einem Pareto-Optimum noch zu einem gesellschaftlich wünschenswerten Ergebnis. Der Staat versagt als Anbieter. Was ist hier zu tun? Einerseits kann der Staat als Finanzier auftreten und damit unerwünschte Marktergebnisse korrigieren. Subventionen für förderungswürdige Unternehmen, Steuern für unerwünschte Aktionen und Transfers für Menschen mit objektivem Mangel, jedoch ohne Kaufkraft, verbessern die Allokation. Es besteht jedoch auch die Möglichkeit, dass sich in der Nische zwischen Markt und Staat Unternehmen ansiedeln, die weder die Nachteile der kommerziellen Unternehmen, noch des Staates haben. In der Nische zwischen Markt- und Staatsversagen existieren die sogenannten Nonprofit Organisationen, die als Intermediär bzw. dritter Sektor (erster Sektor: Forprofit Organisationen, zweiter Sektor: Regierungsorganisationen) Markt- und Staatsversagen überwinden. Zu ihnen gehören die diakonischen Sozialleistungsunternehmen (vgl. Kapitel 1.2).

Fassen wir die Ergebnisse des Marktmodells zusammen:

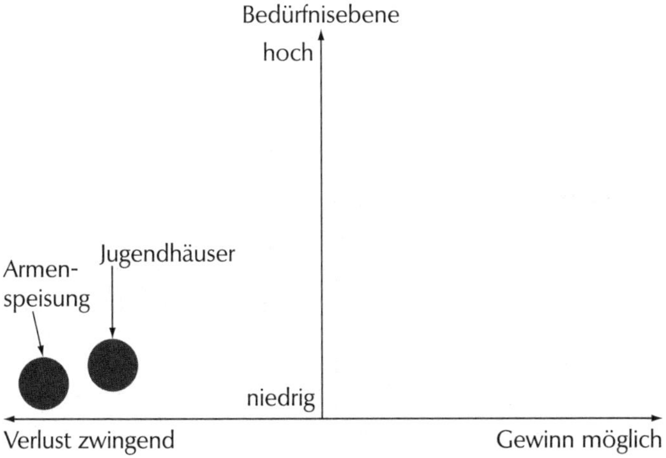

Abbildung 17: Bedürfnis-Gewinn-Matrix 1880

Erstens besteht ein großer Unterschied zwischen existentiellen Grundbedürfnissen und höheren Bedürfnissen. Während bei letzteren der freie Markt durchaus eine gute Versorgung gewährleistet, bedarf der Markt für Güter, die der Grundbedürfnisbefriedigung dienen, der Regulation. Es stellt sich weder ein Pareto-Optimum ein, noch erreicht der freie Markt ein gesellschaftlich wünschenswertes Ergebnis. Der Markt allein lässt viele Bedürfnisse, auch objektiven Mangel, unerkannt und ungestillt. Die Armen haben keinen Marktzugang, da ihnen die Eintrittskarte, die Kaufkraft, fehlt. Dies bedeutet zweitens, dass die Verfügbarkeit monetärer Mittel die wichtigste Grundvoraussetzung zur Bedürfnisbefriedigung in einer Marktwirtschaft ist. Wer Geld hat, kann seine Bedürfnisse in der Regel stillen, zumindest seine Grundbedürfnisse. Die Bekämpfung der materiellen Armut ist damit Dreh- und Angelpunkt der Diakonie, deren Hauptziel es ist, Menschen zu helfen, ihre Grundbedürfnisse zu befriedigen.

Drittens besteht ein substantieller Unterschied zwischen dem Leistungsspektrum der Diakonie der Gründerväter und heute. Deckte die Diakonie des 19. Jahrhunderts über-

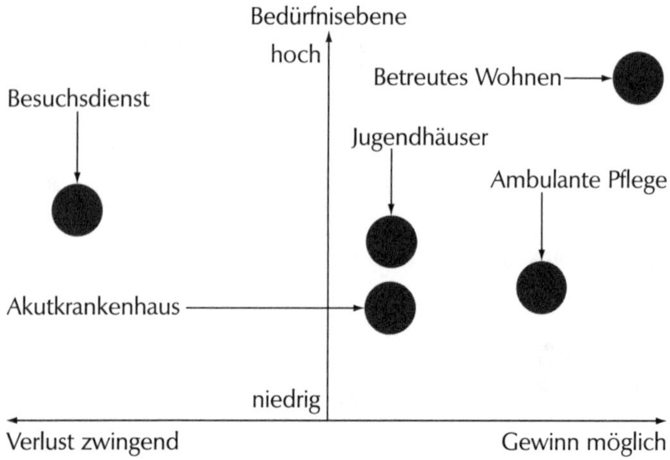

Abbildung 18: Bedürfnis-Gewinn-Matrix 2000

wiegend Grundbedürfnisse ab, so wendet sie sich heute immer öfter höheren Bedürfnisschichten zu. Damit stößt sie auf gewinnträchtige Märkte, in denen sich kommerzielle Konkurrenz etablieren kann. Die Konkurrenz führt zu einer Störung bis hin zur Krise. Welchen Weg sollte die Diakonie jetzt einschlagen? Sollte sie aus dem Markt ausscheiden? Sollte sie sich auf ihr bestehendes Spektrum zurückziehen? Oder sollte die Diakonie ökonomisiert werden? Diese Fragen stellt das nächste Kapitel.

4.2 Ökonomisierung der Diakonie

Der Begriff „Ökonomisierung" wird in den letzten Jahren immer öfter verwendet, um eine als negativ empfundene Übermacht wirtschaftlichen Denkens im Sozialsektor und insbesondere in der freien Wohlfahrtspflege zu umschreiben. Während das Realziel Bedarfsdeckung früher absolute Priorität hatte, verschiebt sich scheinbar das Gewicht immer mehr zu dem Formalziel Wirtschaftlichkeit.

Wie bereits beschrieben, bedeutet „ökonomisch" nichts anderes als die rationale, d.h. nicht verschwenderische Verwendung von knappen Mitteln. Eine Ökonomisierung impliziert deshalb nichts anderes, als dass weniger Verschwendung auftritt – ein durchaus erstrebenswertes Ziel. Gerade die Diakonie hat schon immer ökonomisch arbeiten müssen, da sie sich dem biblisch begründeten Ziel der Haushalterschaft verpflichtet weiß.

Eine Ökonomisierung ist deshalb grundsätzlich nichts Schlechtes, ja sogar wünschenswert. Als negativ erscheint nur, dass sie nicht freiwillig, z.B. aus biblisch fundierter Überzeugung geschieht, sondern durch steigenden Konkurrenzdruck. Dieser führt oftmals dazu, dass diakonische Unternehmen versuchen, sich der kommerziellen Konkurrenz anzupassen. So viel man natürlich aus der Privatwirtschaft lernen kann, so groß ist die Gefahr, dass unreflektiert Führungsprinzipien, Managementtechniken, Werte- und Zielsysteme, Produktspektren oder zwischenmenschliche Umgangsformen übernommen werden, die den im zweiten Kapitel erarbeiteten Werten und Zielen diakonischer Betriebe widersprechen. Die primäre Kritik sollte sich deshalb nicht gegen eine Ökonomisierung (im eigentlichen Wortsinn) der Diakonie wenden, sondern gegen eine unreflektierte Annahme einer Privatwirtschaftslehre, d.h. gegen eine Kommerzialisierung der Diakonie.

Auslöser der Veränderung ist die zunehmende Konkurrenz, die durch veränderte gesetzliche Rahmenbedingungen ermöglicht wurde. Es stellt sich allerdings die Frage, warum die kommerzielle Konkurrenz überhaupt Fuß fassen konnte, warum sich die wohl etablierten Träger der freien Wohlfahrtspflege nicht auf ihren Märkten behaupten können. Mit anderen Worten: welche Vorteile haben kommerzielle Anbieter gegenüber den Einrichtungen der Wohlfahrtspflege, welche Nachteile hat die Diakonie?

4.2.1 Nachteile diakonischer Sozialleistungsunternehmen

In der Literatur der Nonprofit Organisationen werden mehrere komparative Nachteile gegenüber privatwirtschaftlichen Unternehmen genannt, die zum Teil auch auf diakonische Betriebe zutreffen. Erstens liegt die Führung oftmals in den Händen von Laien, die für das Management mittelständischer Unternehmen überhaupt nicht ausgebildet sind. Die diakonische Bewegung des 19. Jahrhunderts institutionalisierte sich in Vereinen, deren Vorstände in der Regel Pfarrer, Lehrer oder sonstige Honoratioren mit einer überdurchschnittlichen Bildung waren. Kommerzielle Konkurrenz gab es keine, und in den wenigen Fällen, in denen die Diakonievereine privatwirtschaftlich tätig waren (z. B. um Gewinne für die Kreuzsubvention zu erwirtschaften), führte der große Bildungsvorsprung der Pfarrer und die schlechte Ausbildung der meisten Unternehmer zu einer guten Konkurrenzfähigkeit diakonischer Anbieter.

Die Situation im neuen Jahrtausend ist völlig anders. Pfarrer, die einen Diakonieverein oder gar ein Diakoniewerk leiten, sehen sich mit Marktpartnern konfrontiert, die eine spezifische und langjährige Managementausbildung absolviert und intensive Erfahrungen (z. B. in der Industrie) gesammelt haben. Es besteht kein Bildungsvorsprung eines Pfarrers gegenüber einem akademischen Betriebswirt; vielmehr hat der Wirtschaftswissenschaftler „sein Geschäft" richtig gelernt. Er betreibt es nicht nur nebenbei und muss nicht die lähmenden Entscheidungswege eines Vereines einhalten. Damit hat der vom Ortspfarrer geleitete Diakonieverein gegen die kommerzielle Konkurrenz kaum eine Chance. Auch das von klerikalen Laien geführte Diakoniewerk wird auf Dauer den Profimanagern unterlegen sein. Zwar nehmen Pfarrer in Führungspositionen immer öfters an Fortbildungen teil, aber solche Maßnahmen können das grundständige Betriebswirtschaftsstudium nicht ersetzen. Der fortschreitende Konkurrenzdruck fordert eine Spezialisierung von Anfang an.

Die schwierige Entscheidungsfindung im Verein, das Laienmanagement und die Nebenamtlichkeit sind jedoch keine konstituierenden Elemente diakonischer Sozialleistungsunternehmen. Die im zweiten Kapitel geforderten Ziele dieser Betriebe lassen sich sehr gut auch in anderen Rechtsformen, z.B. der gemeinnützigen GmbH umsetzen. Tatsächlich reagieren viele Vereine. Sie schließen sich zusammen und gründen eigene Rechtspersönlichkeiten. Als Geschäftsführer stellen sie Fachleute ein, deren Qualifikation zumindest in den großen diakonischen Unternehmen durchaus mit der kommerziellen Konkurrenz mithalten kann. Dabei ist natürlich wichtig, dass geistliche und fachliche Kompetenz zusammengehen, weshalb insbesondere der Ausbildung und geistlichen Betreuung dieser Mitarbeiter große Bedeutung zukommt. Die genannten Faktoren sind deshalb keine wirklichen Nachteile der Diakonie. Sie sind lediglich behindernde Überbleibsel aus dem 19. Jahrhundert, die es zu beseitigen gilt. Entweder das diakonische Management bewerkstelligt dies selbst, oder der Markt wird es übernehmen.

Diese Aussage gilt, zweitens, auch für die Organisationsstruktur diakonischer Unternehmen. Nach Mintzberg (1989) besteht ein Unternehmen aus einer strategischen Spitze (Top-Management), dem operativen Kern (Mitarbeiter, die operative Arbeit verrichten), der mittleren Linie (mittleres Management), der Technostruktur (z.B. Qualitätswesen, Rechnungswesen, Personalabteilung) sowie den Hilfsstäben (z.B. Rechts- und Steuerabteilung, Kantine, Kindergarten).

In Organisationen sind die einzelnen Elemente unterschiedlich stark ausgeprägt. Die Diakonie der Gründerväter folgte dem Hausvaterprinzip, das Mintzberg als „simple structure" bezeichnen würde. Eine große Anzahl von fleißigen Mitarbeitern, insbesondere Diakonissen, folgte den Anweisungen des über allem stehenden Hausvaters. Unterstützungsleistungen durch die Technostruktur bzw. Hilfsstäbe waren kaum bekannt. Die meisten Hausväter verstanden sich primär als Pfarrer und Seelsorger, weniger als Manager.

Später entwickelte sich die Funktionärsorganisation, bei der „Profidiakoniker“ eine ausgeprägte Technostruktur entwickelten. Die Entscheidungsfindung ist jedoch weitgehend zentralisiert. Eine vollständige Unternehmung, wie sie von Mintzberg beschrieben wird und die intern durch eine von allem Mitgliedern getragene Corporate Identity zusammengehalten wird (Mintzberg würde dies als „missionary organisation“ bezeichnen), existiert nur in wenigen diakonischen Werken. Spezialisten oder der Zukauf von Fachwissen durch Outsourcing wird meist durch ein ausgeprägtes mittleres Management verhindert. Lean Management tut Not.

Weder die bürokratische Funktionärsorganisation noch das Hausvaterprinzip sind den Herausforderungen des modernen Sozialmarktes gewachsen. Allerdings sind diese Organisationsformen in keiner Weise konstitutiv für die Diakonie. Sie sind kein Nachteil der Diakonie, sondern ein Relikt der Tradition. Der Schwachpunkt einer oftmals paralysierten Verwaltung, den heutige Diakoniewerke traditionsbedingt mit sich herumschleppen, kann und muss möglichst schnell überwunden werden, denn die privatwirtschaftliche Konkurrenz organisiert sich so, wie es für die Aufgabenverrichtung am zweckmäßigsten ist.

Drittens wird ein Nachteil diakonischer Sozialleistungsunternehmen darin gesehen, dass sie keine ausreichend qualifizierten Mitarbeiter anstellen und bezahlen können. Tatsächlich hat die sichere Position mit leistungsunabhängiger Bezahlung tendenziell eher leistungsschwache Mitarbeiter gereizt, die in der Diakonie einen krisenfesten Arbeitsplatz gesucht haben. Die Starrheit des Bundesangestelltentarifvertrags führte dazu, dass Leistung sich nicht lohnen kann und deshalb verkümmert. Ein strategisches Personalmanagement und eine flexiblere Gestaltung von Arbeitsverträgen bis hin zum Austritt aus dem BAT ermöglichen es jedoch der Diakonie, wettbewerbsfähige Gehälter zu bezahlen. Auch dieser Nachteil kann also überwunden werden.

Viertens wird noch argumentiert, die Gemeinnützigkeit schränke die wirtschaftliche Autonomie soweit ein, dass

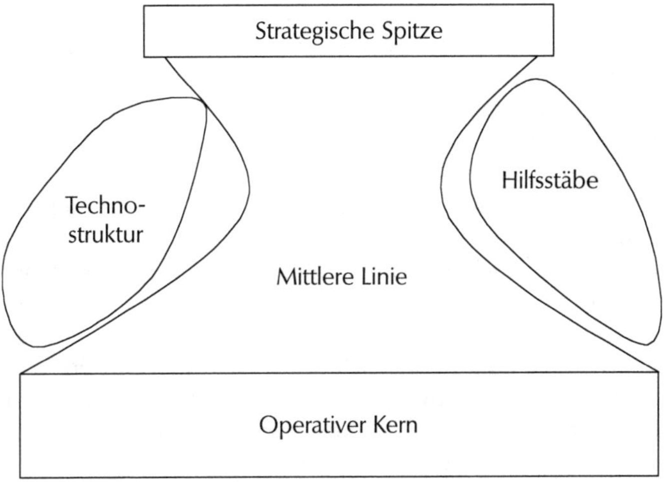

Abbildung 19: Konfiguration nach Mintzberg

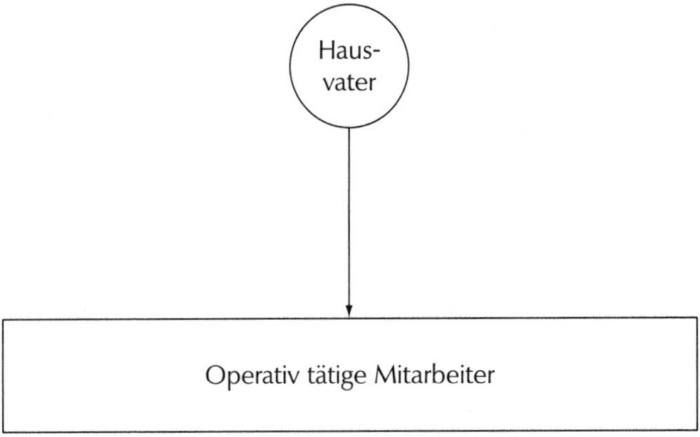

Abbildung 20: Hausvater-Organisation

ein gesamtbetriebliches Optimum nicht erreicht werden kann. Die Vorschrift zeitnaher Mittelverwendung sowie die Abhängigkeit von der staatlichen Sozialplanung (z.B. Landeskrankenhausplanung) behindern das Management. So wahr diese Aussagen sind, so leicht kann die Einschränkung überwunden werden: die diakonische Unternehmung kann jederzeit das Privileg der Gemeinnützigkeit zurückgeben. Dass bisher kaum ein gemeinnütziges Unternehmen dies getan hat, zeigt, dass der Vorteil der Gemeinnützigkeit doch wohl den Nachteil überwiegt.

Damit stellt sich die Frage, ob es überhaupt einen schwerwiegenden Nachteil diakonischer Unternehmen gegenüber der kommerziellen Konkurrenz gibt. Sind alle derzeitigen Nachteile durch gutes Management überwindbar, oder besteht auch bei Einsatz bester Manager und modernster Techniken ein Malus, den die Diakonie niemals überwinden kann, ohne sich selbst zu verlieren? Die Antwort lautet eindeutig: Ja! Es ist das originär diakonische Zielsystem, das einen Nachteil darstellt, der nicht einfach überwunden werden kann. Um dies zu verstehen, wollen wir zuerst das Zielsystem kommerzieller Unternehmen im kurzen Abriss darstellen.

Oberziel einer Forprofit Organisation ist die Maximierung der Rentabilität. Darunter versteht man das Verhältnis des Gewinns zum eingesetzten Kapital. Falls man das Kapital als gegeben voraussetzt, kann man einfach sagen: ein kommerzielles Unternehmen maximiert den Gewinn. Rappaport (1986) weist darauf hin, dass der Gewinn kurzfristig manipuliert werden kann. Er fordert deshalb die Ausrichtung am Shareholder Value, d.h. am Barwert der Differenzen zukünftiger zahlungswirksamer Erträge und Aufwendungen (Cash Flow). Dieser Shareholder Value berechnet sich als

$$SHV = \sum_{t=1}^{\infty} CF_t \cdot (1 + \tfrac{r}{100})^{-t}, \text{ mit}$$

SHV	Shareholder Value
CF_t	Cash Flow der Periode t
r	Diskontierungsfaktor
t	Zeitindex [Jahre]

Seit Rappaports Veröffentlichung avancierte der Shareholder Value zum unumstrittenen Zielsystem kommerzieller Unternehmen. Die Ansprüche der Eigentümer sind allein entscheidungsrelevant, andere Anspruchsgruppen treten in den Hintergrund oder werden instrumentalisiert.

Für eine langfristige und unternehmensinterne Betrachtung, bei der kein Anreiz für Gewinnmanipulationen besteht, können der Shareholder Value und der langfristige Gewinn als annähernd identisch betrachtet werden. Der Gewinn ist definiert als die Differenz aller Erträge und Aufwendungen des Unternehmens. Mathematisch lässt sich dies in der Zielfunktion

$$Z = \sum_{i=1}^{m} p_i \cdot q_i - \sum_{j=1}^{n} c_i \cdot v_j \rightarrow Max!$$

ausdrücken, wobei

pi	Verkaufspreis von Leistung i
qi	Menge der Leistung i
cj	Faktorpreis des Faktors j
vj	Menge des Faktors j
n	Anzahl der Inputfaktoren
m	Anzahl der Leistungen.

Diese Betrachtung hat zwei wichtige Vorteile. Erstens lässt sich die Gewinnmaximierung leicht in eine Effizienzmaximierung überführen. Falls obige Zielfunktion maximiert wird, optimiert man auch gleichzeitig die Effizienzfunktion

$$Z = \frac{\sum_{i=1}^{m} p_i \cdot q_i}{\sum_{j=1}^{n} c_j \cdot v_j} \rightarrow Max!$$

Ein Gewinn ist damit der sicherste Nachweis eines effizienten Handelns. Forprofit Organisationen haben überhaupt kein Problem, effizient zu arbeiten, da sie ihre Wirtschaftlichkeit jederzeit am Gewinn ablesen können.

Zweitens lässt sich die Gewinnformel leicht für die unterschiedlichen Planungsebenen aufspalten. Die Geschäftsfeldplanung, die Investitionsplanung, die Finanzplanung, die Leistungsprogrammplanung sowie die Ablaufplanung haben ein eindeutiges Kriterium, anhand dessen sich die beste

Alternative ermitteln lässt. Selbstverständlich können auch in gewinnorientierten Unternehmen Ziele miteinander konkurrieren. So können langfristige und kurzfristige Ziele in Konflikt geraten und einzelne Abteilungen (z.B. Marketing, Produktion, Absatz) widersprüchliche Ziele entwickeln. Letztlich lassen sich diese Zielkonflikte jedoch anhand eines einfachen und eindeutigen Kriteriums entscheiden: dem Gewinn. Und so führt die Minimierung der variablen Kosten während der Ablaufplanung ebenso zu einer Maximierung der Gesamtrentabilität wie die Maximierung des Deckungsbeitrags bei der Leistungsprogrammplanung. Die Steuerung eines gewinnorientierten Unternehmens ist verhältnismäßig einfach, da sie geradlinig ist.

Die Gewinnorientierung bedeutet nicht, dass Forprofit Organisationen ausschließlich die Interessen der Shareholder, d.h. der Eigentümer berücksichtigen. Die Shareholder können langfristig nur befriedigt werden, wenn die Interessen der Mitarbeiter, der Kunden sowie der Lieferanten einbezogen werden. Sie leisten Beiträge („stakes") zum betrieblichen Erfolg, leiten jedoch auch Ansprüche daraus ab. Sie werden als „Stakeholder" bezeichnet, und es gibt kaum einen Manager, der es sich erlauben kann, diese Anspruchsgruppen nicht zu würdigen. Die Wahrung der Stakeholder-Interessen ist folglich eine notwendige Bedingung, um den Shareholder Value zu maximieren.

Die ursprüngliche Definition der Stakeholder von Freeman (1984) geht jedoch über diesen Ansatz hinaus: „A stakeholder in an organization is (by definition) any group or individual who can affect, or is affected by, the achievement of a corporation's purpose". Folglich sind auch solche Gruppen Stakeholder, die durch die Aktivitäten des Unternehmens betroffen sind, selbst wenn sie sich gegen diese Auswirkungen nicht wehren können und sie selbst keinen Beitrag zum Erfolg des Unternehmens leisten. Der Stakeholder-Ansatz impliziert folglich, dass die Ansprüche der durch betriebliche Aktivitäten Betroffenen in die Entscheidungsfindung einfließen, und zwar auch dann, wenn sie keine Machtmittel haben, um dies durchzusetzen. Forprofit Organisationen berücksichtigen deshalb nur diejenigen Stakeholder, die ihre Ansprüche tatsächlich durchsetzen und damit dem Unternehmen, das ihre Interessen missachtet, schaden können. Die Ansprüche der Stakeholder werden jedoch nur insoweit Einfluss auf die betrieblichen Entscheidungen haben, wie der Shareholder Value bzw. der langfristige Gewinn davon beeinflusst werden.

Nonprofit Organisationen müssen zahlreiche Stakeholder berücksichtigen. Da alle Stakeholder von Gott geliebt sind und die gleiche Würde haben, können beispielsweise diakonische Betriebe nicht einfach über die Interessen der Gesellschaft, des Staates, der Umwelt, der Kunden, der Lieferanten, der Mitarbeiter etc. hinweggehen, und zwar auch dann nicht, wenn diese Anspruchsgruppen keine Möglichkeit haben, der Unternehmung zu schaden. Das Gebot „Du sollst Deinen Nächsten lieben wie dich selbst" könnte für ein diakonisches Unternehmen in „Du sollst Deinen Stakeholder lieben wie dich selbst!" übersetzt werden. Die Stakeholder haben Ansprüche und Interessen, die in der Zielbildung (wenn auch mit unterschiedlichen Gewichten) berücksichtigt werden müssen.

Diakonische Betriebe haben deshalb multidimensionale Zielsysteme, deren Dimensionen kaum miteinander versöhnbar sind. Im zweiten Kapitel wurden die Ziele Armutsorientierung, Effizienz und Nachhaltigkeit umschrieben. Hinzu kommen Nebenbedingungen wie z.B. Finanzierbarkeit, Sicherheit, Unabhängigkeit. Insbesondere die Armutsorientierung und die Nachhaltigkeit sind völlig unterschiedliche Ziele, die kaum miteinander versöhnt werden können. Hinter ihnen stehen die Stakeholder „heutige Generation" und „nächste Generation". So würde beispielsweise die Armutsorientierung erfordern, Dienstleistungen heute mit möglichst geringen Gebühren anzubieten, während die Nachhaltigkeit hohe Gebühren für die heutige Generation verlangt, um die Leistungsbereitschaft für spätere Klienten aufrecht zu erhalten. Diese Ziele, hinter denen letztlich unterschiedliche Stakeholder stehen, stellen unterschiedliche Dimensionen dar.

Besonders problematisch ist dabei, dass manche Zielerreichungsgrade überhaupt nicht quantitativ erfassbar sind. Dies bezieht sich insbesondere auf die Bewertung der zugrunde liegenden Werte. Die Erfüllung des fundamentalen Wertes „Nächstenliebe“ wird sich niemals mit Gewissheit bestimmen lassen, die Einbeziehung der Zielerreichung in eine Effizienzformel ist unmöglich. Die Nonprofit Organisationen leiden deshalb unter einer ungemein schwierigeren Entscheidungsfindung als die kommerzielle Konkurrenz. Sie müssen erst mühsam (und angreifbar!) unterschiedliche Ziele miteinander versöhnen, müssen immer wieder über Werte diskutieren, operationale Ziele aus ihnen ableiten und quantifizieren, was sich eigentlich einer Quantifizierung widersetzt. Dies ist der komparative Nachteil der Nonprofit Organisationen und der Diakonie: Das Zielsystem, welches konstituierend für eine NPO ist, verhindert eine effiziente Unternehmensführung.

Diakonische Sozialleistungsunternehmen haben bislang kaum unter der Schwerfälligkeit ihres Zielsystems gelitten, da sie als Monopolisten auf den Sozialmärkten aufgetreten sind. Die zunehmende Konkurrenz erfordert heute jedoch eine einfache, schnelle und konsistente Entscheidungsfindung für alle Marktteilnehmer. Die Konkurrenzsituation lässt auf Dauer nur diejenigen überleben, die effizient arbeiten, schnell und präzise entscheiden und anhand ihrer Gewinne ihre Effizienz bewerten können. Deshalb gibt es für diakonische Sozialleistungsunternehmen auf Konkurrenzmärkten keine Alternative: sie müssen ebenfalls gewinnorientiert arbeiten. Sie müssen ihr Zielsystem soweit vereinfachen, dass es nicht mehr vielen unterschiedlichen Stakeholdern gerecht wird, sondern lediglich dem Effizienzziel. Die Diakonie wird damit zu einem Unternehmen, das – zumindest von außen – nicht von der kommerziellen Konkurrenz zu unterscheiden ist. Ob dies mit den derzeitigen Führungskräften vieler diakonischer Betriebe möglich ist, ist fraglich.

Angesichts dieses schwerwiegenden Nachteils muss man sich fragen, warum diakonische Einrichtungen überhaupt noch unter Konkurrenz überleben können. Allem Anschein nach haben sie bislang einen Vorteil genossen, der den genannten Nachteil aufwiegt. Dieser Vorteil soll im Folgenden als „Vertrauensvorsprung" beschrieben werden. Zum besseren Verständnis muss zwischen Vertrauens- und Erfahrungsgütern unterschieden werden.

Der Käufer eines Erfahrungsgutes kann seine Kaufentscheidung auf Erfahrungen gründen, da er früher entweder selbst schon als Käufer aktiv war oder auf den Erfahrungen glaubhafter Käufer aufbauen kann. Die Kaufentscheidung basiert deshalb vor allem auf der Qualität der Leistung. Der Käufer von Vertrauensgütern hingegen hat keine Möglichkeit, die Qualität der Leistung zu beurteilen. Deshalb muss er dem Anbieter vertrauen.

Zur Verdeutlichung soll folgendes Beispiel dienen: Ein Mann steht vor einer Schlucht, die er unbedingt überqueren muss. Er sieht zwei Hängebrücken, die er nicht kennt und die er noch nie betreten hat. Niemand ist da, den er fragen könnte, welche der beiden Brücken sein Gewicht aushält. Auch gibt es keine staatliche Aufsicht, die garantiert, dass Hängebrücken gut gewartet sind. Das Ergebnis einer falschen Wahl wäre fatal: er stürzt ab. Die eine Hängebrücke wurde errichtet und betrieben von einem Diakonieverein, die andere von einem privaten Geschäftsmann. Welche Brücke soll er nehmen?

Die meisten Menschen würden in dieser Situation der Nonprofit Organisation mehr Vertrauen schenken als dem nach Gewinn strebenden Geschäftsmann. Sie glauben, daß in existentiellen Lebenssituationen ein kommerzielles Unternehmen sich stärker für den Gewinn entscheiden wird und somit das Leben des Kunden geringer achtet als den eigenen Vorteil. Deshalb vertrauen sie den NPOs.

Betrachten wir noch einmal die Voraussetzungen: Erstens kann der Wanderer keine Informationen über die Qualität

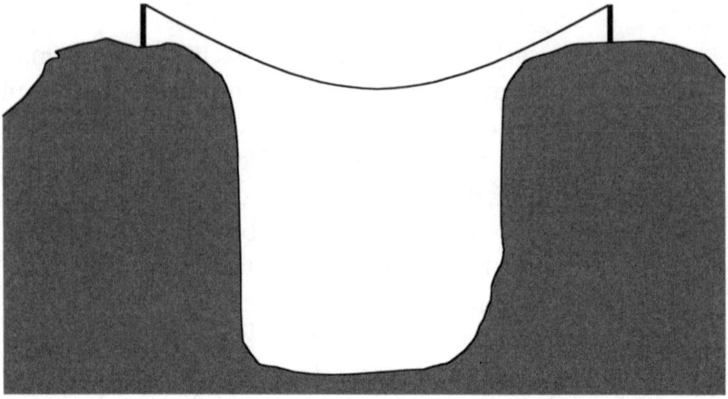

Abbildung 21: Nepalesische Hängebrücke

einholen. Zweitens hat er selbst keine Erfahrung und kann auch keine sammeln, weil es sich um einen einmaligen, irreversiblen Vorgang handelt. Und drittens besteht keine staatliche Aufsicht. Wenn wir diese Annahmen schrittweise auflösen, geht der komparative Vorteile der NPO verloren: Falls er frühere Kunden fragen kann, braucht er nicht dem Anbieter zu vertrauen. Stiftung Warentest, Seniorenschutzbünde oder Konsumentenberatungen substituieren das Vertrauen. Aus dem Vertrauensgut wird ein Erfahrungsgut. So kann man z. B. in den USA die Komplikationsraten bei Operationen aus entsprechenden, frei zugänglichen Veröffentlichungen beziehen. Man geht nicht mehr nur in ein Diakoniekrankenhaus, weil man der Diakonie vertraut. Man geht in das Krankenhaus, von dem man weiß, daß es gute Arbeit leistet. Das Fallpauschalengesetz sieht ähnliche, im Internet zu veröffentlichende Statistiken für Deutschland vor.

Früher war es kaum denkbar, daß Senioren ein Altenheim wegen schlechter Qualität verlassen haben. Man war eben dort, und Alternativen bzw. konkurrierende Anbieter gab es auch nicht viele. Heute suchen sich Senioren (oder deren Angehörige) das beste Haus aus, Probewohnen für einige Wochen inklusive. Dadurch wird Vertrauen unnötig.

Und schließlich wird die Qualität laufend überwacht. So ersetzt beispielsweise der Medizinische Dienst der Krankenkasse das Vertrauen.

Raum für Unternehmensethik besteht insbesondere dort, wo die Spielregeln noch nicht klar und eindeutig sind, so daß die Spielzüge die Ethik berücksichtigen müssen. Sobald jedoch die staatliche Aufsicht bzw. die Legislative klare Spielregeln schaffen, unterscheiden sich die einzelnen Anbieter nicht mehr. Sie müssen sich alle an die Regeln halten. Damit verliert die Diakonie ihren komparativen Vorteil. Qualität ist schon lange nicht mehr das alleinige Markenzeichen der freien Wohlfahrtspflege. Ihr Nachweis (z.B. durch Zertifizierung) wird immer mehr zum Nachfragekriterium.

Somit bleiben die diakonischen Träger in einer misslichen Lage: Ihr Zielsystem verhindert eine konkurrenzfähige Entscheidungsfindung, ihr Vertrauensvorteil schwindet. Womit können diakonische Einrichtungen dann in Zukunft bestehen? Wie können sie auf Konkurrenzmärkten existieren? Was kann den Übergang vom Vertrauens- zum Erfahrungsgut ausgleichen? Zweifelsohne muss es die Qualität der Einrichtungen sein. Das gute Image der Diakonie darf sich nicht mehr auf die Käuferannahme stützen, die Diakonie würde selbstlos für ihre Klienten tätig sein. Vielmehr muss die Qualität nachweislich besser sein als in konkurrierenden Unternehmen.

Deshalb soll hier kurz gefragt werden, wie Qualität entsteht und welche Bedeutung dem Produktionsfaktor menschliche Arbeit insbesondere bei der Dienstleistungsproduktion zukommt. Wir folgen dabei dem Konzept von Donabedian (1980, 1982) bzw. dem Modell der Dienstleistungsproduktion nach Corsten (1999).

Die Produktion von Sachgütern ist ein einstufiger Prozess. Die Produktionsfaktoren ausführende menschliche Arbeit, Betriebsmittel und Werkstoffe werden zu einem Endergebnis rekombiniert. Dieses Produkt wird gelagert, zum Kunden transportiert und übergeben. Der Kunde ist während des Produktionsprozesses abwesend, in der Regel wird für einen anonymen Markt produziert. Die Abläufe im Betrieb interessieren den Kunden nicht. Er möchte lediglich ein Endprodukt mit guter Qualität. Allein davon hängt seine (Wieder-)Kaufentscheidung ab.

Die Produktion von Dienstleistungen hingegen besteht aus zwei Schritten. In der Vorkombination werden die so genannten „internen Produktionsfaktoren" (Corsten 1999, S. 78) zur Leistungsbereitschaft kombiniert. Interne Produktionsfaktoren sind alle personellen, physischen und finanziellen Ressourcen eines Betriebes. Die Produktion der Leistungsbereitschaft entspricht einer Sachgüterproduktion. In der Endkombination wirken die Leistungsbereitschaft, weitere interne Produktionsfaktoren sowie der Kunde als so genannter „externer Faktor" zusammen, damit die Dienstleistung am Kunden entstehen kann. Der Dienstleistungsprozess besteht folglich aus einem relativ leicht steuerbaren Produktionsprozess der Vorkombination und einem durch die Präsenz des Kunden erschwerten Prozess der Endkombination. Entsprechend ist die Qualität der Vorkombination objektiv messbar, während die Qualität der Endkombination vom subjektiven Empfinden des Kunden abhängt.

Donabedian unterscheidet zwischen Struktur-, Prozess- und Ergebnisqualität. Die Strukturqualität umfasst die Quantität und Güte der internen Produktionsfaktoren. Die Prozessqualität ergibt sich aus der Folge von Aktivitäten während des Leistungserstellungsprozesses, vor allem im Zusammenwirken von Leistungsbereitschaft und Kunden. Die Ergebnisqualität schließlich kennzeichnet den Endpunkt der Leistungserstellung, z.B. seine Gesundung im Krankenhaus. Nach Donabedian ist eine hohe Strukturqualität eine notwendige, aber nicht hinreichende Voraussetzung für eine gute Prozessqualität, die wiederum eine notwendige, aber nicht hinreichende Voraussetzung für eine gute Ergebnisqualität ist.

Eine vom Kunden empfundene gute Ergebnisqualität setzt folglich voraus, dass der in seiner Anwesenheit ablaufende Produktionsprozess von ihm positiv bewertet wird. Dies unterscheidet den Sachgüterprozess vollkommen vom Dienstleistungsprozess. Dem Käufer eines neuen Pkw interessiert es nicht, ob der Monteur schlecht gerochen hat, ob er geflucht hat, ob er des Deutschen mächtig war oder ob er schlechte Laune hatte. Solange das Endprodukt nicht stinkt und voll funktionsfähig ist, kann während der Produktion passieren, was mag. Für den Patienten im Krankenhaus hingegen macht es einen großen Unterschied, ob die Pflegekraft mit ihm Deutsch spricht, welche Düfte sie ausstrahlt, wie oft sie Schimpfworte verwendet und wie freundlich sie lächelt. Der Produktionsprozess bedingt das Endergebnis, und damit entscheidet die Qualität der Mitarbeiter über die Ergebnisqualität und damit über das Kaufverhalten, und zwar nicht nur die fachliche, sondern auch die persönliche Qualität.

Dies bedeutet, dass diakonische Sozialleistungsunternehmen sich stark bemühen müssen, Mitarbeiter zu gewinnen, die freundlich, zugewandt, höflich und ordentlich sind. Diese Faktoren entscheiden über die Qualität. Allerdings unterscheidet sich diese Personalpolitik in keiner Weise von der Personalauswahl der kommerziellen Konkurrenz. Auch die Forprofit Sozialdienstleister suchen Mitarbeiter mit diesen Eigenschaften. Was die Diakonie von der kommerziellen Konkurrenz unterscheiden sollte, ist die Auswahl von Mitarbeitern, die das christliche Wertesystem (vgl. Kapitel 2) internalisiert haben und aus Überzeugung danach leben. Wenn es gelingt, diese Mitarbeiter auszuwählen und weiterzuentwickeln, hätte die Diakonie einen komparativen Vorteil gegenüber der Konkurrenz. Es bleibt allerdings fraglich, ob dies heute noch in dem großen Umfang möglich ist, wie es zur Aufrechterhaltung der großen diakonischen Träger nötig wäre. Welcher Anteil der 400000 Mitarbeiter der Diakonie in Deutschland sieht in diesem Dienst seine Lebensaufgabe? Für wie viele Mitarbeiter macht es einen Unterschied, ob sie für die Diakonie oder für die Arbeiterwohlfahrt tätig sind? Welcher überzeugte Christ ist bereit, für ein niedriges BAT-Gehalt in der Diakonie zu arbeiten, wenn er durch seine Leistung

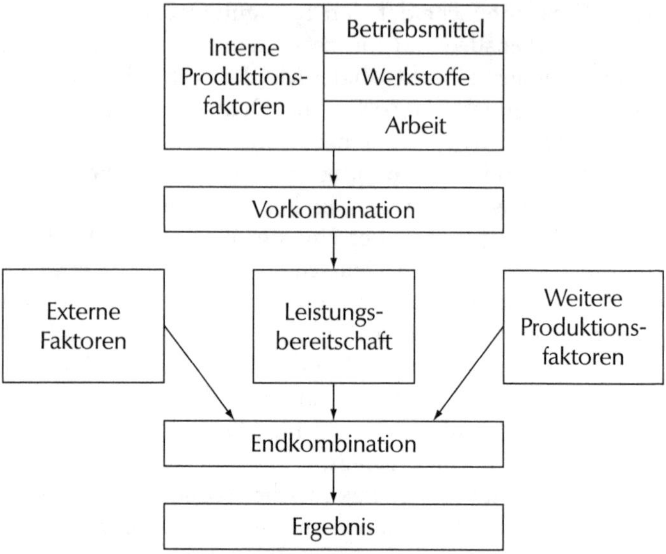

Abbildung 22: Der Dienstleistungsprozess

Quelle: Corsten (1999, S. 78; Vereinfachte Darstellung)

in der kommerziellen Konkurrenz mehr verdienen und dort zweifelsohne auch christliche Nächstenliebe praktizieren kann?

Wenn man bedenkt, dass in Ostdeutschland in manchen diakonischen Unternehmen nur noch 15 % der Mitarbeiter überhaupt noch einer christlichen Kirche angehören, muss man sich schon fragen, ob sich die Qualität der Mitarbeiter in diakonischen und kommerziellen Einrichtungen überhaupt unterscheiden kann. Es genügt in einem Dienstleistungsprozess eben nicht, dass die Führungsspitze das christliche Wertesystem umzusetzen sucht. Die Ergebnisqualität hängt entscheidend davon ab, ob die 90 % der Mitarbeiter, die operativ am Kunden tätig sind, dieses Wertesystem verwirklichen.

Man könnte davon ausgehen, dass die christlichen Werte in der deutschen Gesellschaft auch im säkularen Umfeld sehr verbreitet internalisiert sind, so dass auch

Mitarbeiter, die nicht bewusst Christen sind, doch „christlich" handeln. Es ist hier nicht der Ort, um dieses Argument zu hinterfragen. Tatsache dürfte jedoch sein, dass diakonische Anbieter keinen komparativen Vorteil gegenüber kommerziellen Anbietern haben, wenn diese Annahme zutrifft. Ein Vertrauensvorsprung ist dann nicht zu rechtfertigen.

Zusammenfassend muss man feststellen, dass die Zukunft diakonischer Sozialleistungsunternehmen bedroht ist. Sie verlieren immer mehr den Vertrauensvorsprung vor der kommerziellen Konkurrenz, da die potentiellen Kunden die Qualität dieser Anbieter immer besser beurteilen können. Gleichzeitig gelingt es nur bedingt, Mitarbeiter zu gewinnen, die fachlich besser, höher motiviert und vor allem liebevoller, freundlicher und zugewandter sind als ihre Kollegen in der kommerziellen Konkurrenz. Welche Alternativen bleiben ihnen in dieser Situation? Hierauf soll im Folgenden eine Antwort gegeben werden.

4.2.3 Zukunft diakonischer Sozialleistungsunternehmen

Im steigenden Konkurrenzdruck bleiben zwei Wege: Erstens können diakonische Sozialleistungsunternehmen ihr Zielsystem soweit vereinfachen, dass sie mit Ausnahme gewisser Symbole zu rein kommerziellen Unternehmen werden. Sie erstreben Gewinne und bearbeiten gewinnträchtige Märkte. Falls sie tatsächlich Gewinne erzielen, werden diese zwar in den Betriebszweck reinvestiert (Gewinnverwendungsbeschränkung), der zunehmende Druck anderer Anbieter lässt die Gewinnchancen jedoch zunehmend kleiner werden (marginale Anbieter). Manche Einrichtungen des Betreuten Wohnens und manches diakonische Krankenhaus ist diesen Weg bereits gegangen. Zwar gibt es noch eine Kapelle mit einem Kreuz, das Leistungsprogramm, das Preisniveau und der Produktionsprozess unterscheiden sich jedoch in keiner Weise von dem, was die kommerzielle Konkurrenz tut. Selbst in rein säkularen

Altenheimen gibt es unterdessen einen Meditationsraum, Gottesdienste und die Möglichkeit der Seelsorge durch den Gemeindepfarrer. Diese diakonischen Einrichtungen werden überleben. Sie werden zum Teil sogar blühende Unternehmen sein, denn das professionelle Management macht alles richtig. Aber: tun sie auch das Richtige? Folgen sie mit ihren Angeboten für Fettabsaugung und Schönheitsoperationen, mit ihren Möglichkeiten der Invitro Fertilisation und mit ihren Altenheimplätzen für die Oberschicht dem ursprünglichen diakonischen Zielsystem?

Zweitens können diakonische Unternehmen überleben und ihren Dienst fortsetzen, indem sie sich auf die Suche nach den Nischen machen, in denen es keine kommerzielle Konkurrenz gibt, ja wegen der geringen Kaufkraft nicht geben kann. Wie wir zuvor aufgezeigt haben, gibt es viele Nöte, die nie zur Nachfrage werden. Für sie gibt es keine Märkte, ihre Befriedigung steht nicht im Konkurrenzdruck. Das Zielsystem der Diakonie entbindet die diakonischen Träger nicht, effizient zu arbeiten (vgl. Kapitel 2). Das Primat der Gewinnorientierung wird jedoch aufgegeben zu Gunsten des originären Oberzieles Armutsorientierung.

Eine armutsorientierte Diakonie wäre ein Intermediär zwischen Markt- und Staatsversagen. Dort, wo die Armen aufgrund ihrer fehlenden Kaufkraft von der Bedürfnisbefriedigung ausgeschlossen werden, garantieren diakonische Anbieter die biblisch verbürgte Startchancengerechtigkeit sowie die Mindestversorgung der Armen. Dort, wo der Staat diese Randgruppen nicht versorgen kann, weil er zu ineffizient, zu schwerfällig und zu langsam ist, gewährleistet die Diakonie, dass die Würde der Armen gewahrt bleibt. Klein und basisnah kann eine armutsorientierte Diakonie entstehende Notlagen aufspüren und angehen, lange bevor der Staat diese Versorgungslücken entdeckt und nach einem komplizierten politischen Prozess endlich füllt. Hierzu muss die armutsorientierte Diakonie weniger eine Institution als eine innovative Organisation unzähliger Sensoren sein, die sich ständig auf die Suche nach Notlagen machen.

Und wie sollen wir das finanzieren? Auch eine armutsorientierte Diakonie kostet Geld (wenn auch bei weitem nicht so viel wie eine Leistung, die die Ansprüche der Reichen befriedigen soll!). Eine von Rückert (1990) vorgeschlagene Lösung ist die Kreuzsubvention. Ein diakonischer Träger sollte kommerzielle Bereiche haben, wo er Gewinne einfährt, mit denen er die verlustträchtigen, z.B. die Armenhilfe (was Rückert nicht explizit schreibt) unterstützen kann. Ist dieser Mittelweg zwischen kommerzieller und armutsorientierter Diakonie der goldene? Können wir es wie Robin Hood machen, der es von den Reichen nahm, um es den Armen zu geben? Oder ist es ein „Hinken nach beiden Seiten", bis einer der beiden Bereiche (und hier wohl die armutsorientierte Diakonie) ausscheiden muss?

Zuerst muss man feststellen, dass es nur sehr wenige Beispiele gibt, wo die Kreuzsubvention wirklich funktioniert. In der Regel sind die Einrichtungen, die sich an die Mittel- und Oberschicht wenden, selbst auf Zuschüsse und Spenden angewiesen. Wenn beispielsweise in der Behindertenhilfe Deckungsbeiträge erwirtschaftet werden, mit denen die Verluste in den Einrichtungen des Betreuten Wohnens gedeckt werden, spricht dies eher dafür, dass Robin Hood es von den Armen nimmt und den Reichen gibt.

Gewinne werden tatsächlich in diakonieeigenen Unternehmen erwirtschaftet, die rein kommerziell betrieben werden. So haben manche diakonische Sozialleistungsunternehmen Bäckereien, Metzgereien, Gärtnereien oder gar kleine Fabriken, die tatsächlich Überschüsse abwerfen. Ursprünglich wurden sie als Versorgungseinrichtungen und auch als Arbeitsplatz für Menschen gegründet, die anderswo nicht so einfach einen Platz finden. Die heutige Situation ist allerdings oftmals anders: sie arbeiten rein kommerziell, bieten ihre Waren am freien Markt an und haben (fast) eine durchschnittliche Belegschaft. Gegen diese Unternehmen und ihre Gewinne ist grundsätzlich nichts einzuwenden (außer evtl. aus steuerrechtlicher Sicht!). Sie sind jedoch nicht mehr Teil der Diakonie und haben ein völlig anderes Zielsystem. Auch der Besitzer eines kommerziellen Unternehmens hat durchaus ethisch hochstehende Ziele, wenn er Gewinne erstrebt. Er möchte seinen Kindern eine gute Ausbildung und seiner Frau ein schönes Leben ermöglichen. Das ist durchaus eine Form der Nächstenliebe, wenn auch der Kreis der Geliebten etwas kleiner ist.

Wir können folglich festhalten, dass die Kreuzsubvention eines diakonischen Bereiches für den anderen tatsächlich selten funktioniert. Wenn wirklich noch Gewinne anfallen, handelt es sich wahrscheinlich um Monopolgewinne, die in den nächsten Jahren mit zunehmender Konkurrenz verschwinden werden. Die schlechte finanzielle Situation vieler Krankenhäuser und Einrichtungen des Betreuten Wohnens weist darauf hin, dass hier keine Gewinne zur Unterstützung der Armenhilfe zu erwarten sind. Sie brauchen selbst Subventionen.

Ein zweites Fragezeichen soll hinter den „goldenen Mittelweg" gleichzeitiger kommerzieller und armutsorientierter Diakonie gesetzt werden. Er würde zweifelsohne eine 2-Klassen-Diakonie implizieren. Eine Luxusdiakonie für die Reichen und eine qualitativ deutlich schlechtere für die Armen. Dies widerspräche dem biblischen Gerechtigkeitsanspruch, es sei denn, dass durch den Luxus der einen das Leiden der anderen gemildert wird (Rawls). So ist bereits die Existenz von Wahlleistungen in kirchlichen Krankenhäusern nur zu rechtfertigen, wenn die erzielten Überschüsse verwendet werden können, um die Gebühren für die Patienten der dritten Klasse zu reduzieren. Die Existenz einer Privatstation ist auch akzeptabel, wenn dadurch ein besonders qualifizierter Arzt angeworben werden kann, der auch den Patienten der gesetzlichen Krankenversicherung nützt. Diakonische Krankenhäuser sind jedoch den Beweis schuldig, dass die Zwei-Klassen-Medizin tatsächlich den ärmeren Patienten nützt. Die Zwei-Klassen-Diakonie ist abzulehnen, wenn nicht explizit ihr Vorteil für die Ärmsten erwiesen werden kann.

Schließlich entsprechen Transparenz und Ehrlichkeit dem christlichen Wertesystem. Eine Zwangssubventionierung durch die Reichen ist deshalb fragwürdig. Manche Bewohner würden sicherlich mehr als die Kosten ihres Aufenthalts im Altenheim bezahlen, um damit einem Ärmeren die Möglichkeit zu geben, auch in einer diakonischen Einrichtung seinen Lebensabend zu verbringen. Viele würden oder könnten es wahrscheinlich nicht. Es ist unehrlich, ihnen zu sagen, dass die Monatsgebühr tatsächlich nur die Kosten ihres Aufenthaltes abdeckt.

Damit bleibt eigentlich nur eine mögliche Schlussfolgerung: *Diakonische Sozialleistungsunternehmen müssen sich bewusst der Armutshilfe zuwenden. Sie wird das ausschließliche Betätigungsfeld der Diakonie,* denn eine rein kommerzielle Diakonie widerspricht auch dann dem christlichen Wertesystem, wenn sie konkurrenzfähig ist. Ein „Hinken nach beiden Seiten", ein „Robin Hood System" und ein Mitmischen auf den Konkurrenzmärkten bei gleichzeitiger Verwirklichung christlicher Werte erscheint unmöglich: entweder widerspricht es den diakonischen Zielen oder die zunehmende Konkurrenz auf den Sozialmärkten beendet in wenigen Jahren diese Versuche.

4.3 Leistungsprogrammplanung

Damit bleibt die wichtige Frage, wie das Leistungsprogramm der Diakonie aussehen muss, das die im zweiten Kapitel dargelegten Ziele und Nebenbedingungen erfüllt. Hierbei muss zwischen einer kurz- und langfristigen Perspektive unterschieden werden. Kurzfristig und mittelfristig sind die Geschäftsfelder der Diakonie unveränderlich, da die diakonischen Anbieter in Versorgungsverträge eingebunden sind (z.B. im Krankenhauswesen), die bisherigen Kunden ein Recht auf eine verlässliche Leistung und die Mitarbeiter einen Anspruch auf einen sicheren Arbeitsplatz haben. Die kurzfristige Aufgabe eines Geschäftsfeldes würde Verträge brechen, Mitarbeiter und Kunden schädigen und erhebliche finanzielle Verluste implizieren. Die Umstrukturierung der Diakonie kann deshalb nur in

Zeiträumen von 5–10 Jahren erfolgen, und die folgenden Ausführungen betreffen ausschließlich das strategische Management.

Die wichtigste Nebenbedingung dürfte die Finanzierbarkeit sein. Woher sollten die Gelder kommen, die der Aufbau einer armutsorientierten Diakonie kosten würde? Hierzu muss man zuerst feststellen, dass derzeit diakonische Einrichtungen aufrecht erhalten werden, die durchaus nicht armutsorientiert sind und trotzdem Verluste bringen. Würde man beispielsweise die diakonischen Kleinstkrankenhäuser aufgeben, könnten die diakonischen Träger erhebliche Kosten einsparen. Spenden und zum Teil auch kirchliche Zuschüsse, die bislang zum Erhalt dieser Einrichtungen aufgewendet wurden, könnten in die Armenhilfe umgeleitet werden.

Auf Konkurrenzmärkten könnten Einrichtungen auch an kommerzielle Anbieter verkauft werden. Damit bleiben die Arbeitsplätze und die Versorgung der Kunden garantiert. Auch die starke Stellung der Seelsorge lässt sich vertraglich verankern. Die Mittelzuflüsse könnten in Stiftungen angelegt werden, die über Jahrzehnte eine umfassende Armenhilfe finanzieren würden. Würden beispielsweise alle diakonischen Träger ihre Einrichtungen des Betreuten Wohnens und ihre Krankenhäuser verkaufen, wäre das Finanzierungsproblem für die armutsorientierte Diakonie gelöst.

Gehen wir also im Folgenden davon aus, dass es das strategische Ziel eines diakonischen Sozialleistungsunternehmens ist, das im zweiten Kapitel erarbeitete Zielsystem in die Praxis umzusetzen. Hierzu wird eine Art „Zero-Base-Budgeting" durchgeführt, d.h. eine Planung ohne Vorbedingung. In einem Zukunftsworkshop wird eine bestimmte Anzahl (n) von möglichen diakonischen Leistungen benannt: Drogenberatung, AIDS-Beratung, Armenspeisung, sozialer Wohnungsbau, ambulanter Pflegedienst, Einrichtungen für Wohnungslose etc. Auch die bisherigen Tätigkeitsfelder, wie z.B. ein Altenheim, eine Einrichtung des Betreuten Wohnens und ein Kleinkrankenhaus, werden aufgelistet. Anschließend werden diese potentiellen Leistungen in eine Reihenfolge gebracht, wobei die Armutsorientierung das entscheidende Kriterium ist. Natürlich gibt es bei manchen Reihenfolgen Uneinigkeit, aber eine tendenzielle Rangfolge ist sicherlich möglich.

Aus dieser Liste nehmen wir zuerst die Leistung mit der höchsten Priorität, d.h. mit dem größten Einfluss auf die Situation der Armen. Zuerst wird überprüft, ob derzeit ein physiologisches Grundbedürfnis gefährdet ist. Ist dies der Fall, fragt man weiter, ob im Moment oder in Zukunft eine Versorgung durch andere Anbieter möglich ist. Falls dies nicht der Fall ist, wird diese Leistung verwirklicht. Es handelt sich dann tatsächlich um die ureigenste Aufgabe der armutsorientierten Diakonie. Allerdings muss der Träger auch darauf hinwirken, dass das Problem in der Öffentlichkeit wahrgenommen wird.

Die Aufnahme der Leistung ins Leistungsprogramm verlangt eine Reduktion der vorhandenen Ressourcen um den entsprechenden Betrag. Hierbei sind nicht nur die finanziellen Spielräume zu berücksichtigen. Entscheidend ist vor allem die Managementkapazität. Auch der beste und erfahrenste Manager ist irgendwann überlastet. Wenn er ein zusätzliches Projekt durchführt oder eine zusätzliche Leistung managt, bleiben ihm nur noch wenige Freiräume für weitere Projekte bzw. Leistungen. Dies ist zu berücksichtigen.

Nun kommt das Programm mit der zweit höchsten Priorität. Falls auch hier wieder ein physiologisches Grundbedürfnis betroffen ist und keine Konkurrenz existiert, wird das Programm ins Portfolio aufgenommen und werden die Ressourcen entsprechend reduziert. Falls jedoch ausreichend weitere Anbieter ihre Dienste anbieten, muss hinterfragt werden, ob in den Konkurrenzinstitutionen die Ausübung der Seelsorge möglich ist. Falls diese Frage bejaht werden kann, besteht keine Notwendigkeit, die Leistung ins diakonische Leistungsprogramm aufzunehmen. Falls jedoch keine Seelsorge möglich ist, sollte die Diakonie überlegen, ob nicht doch eigene Institutionen bzw. Programme

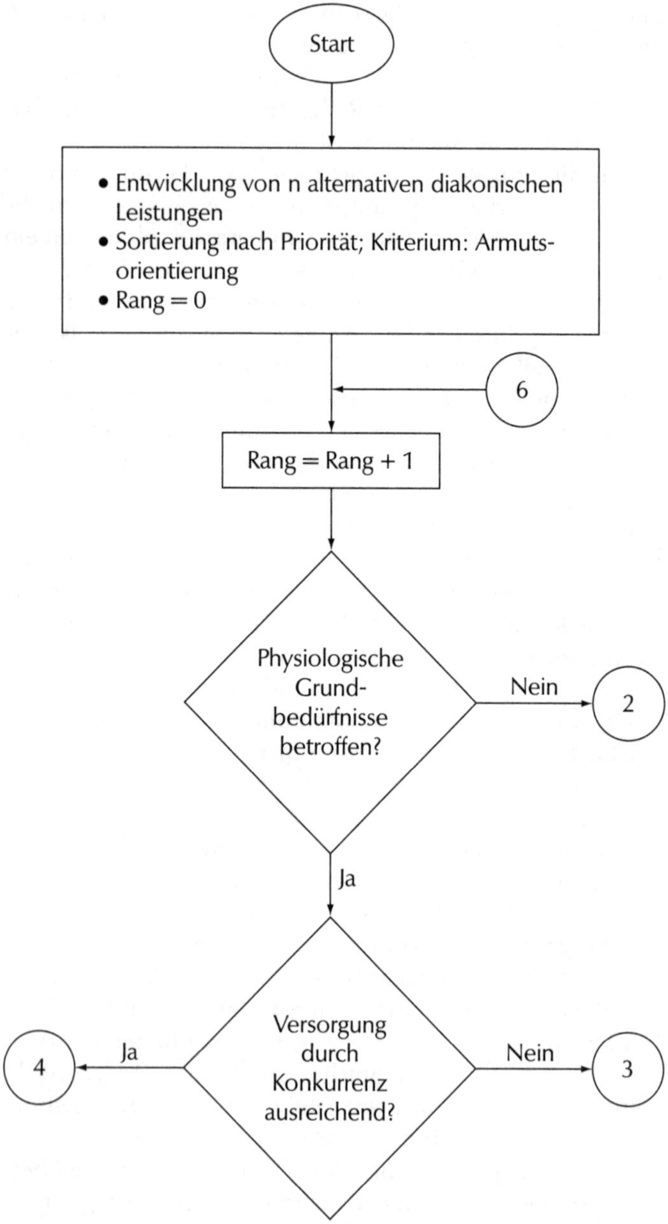
Start
• Entwicklung von n alternativen diakonischen Leistungen
• Sortierung nach Priorität; Kriterium: Armutsorientierung
• Rang = 0
6
Rang = Rang + 1
Physiologische Grundbedürfnisse betroffen?
Nein
2
Ja
Versorgung durch Konkurrenz ausreichend?
Ja
4
Nein
3

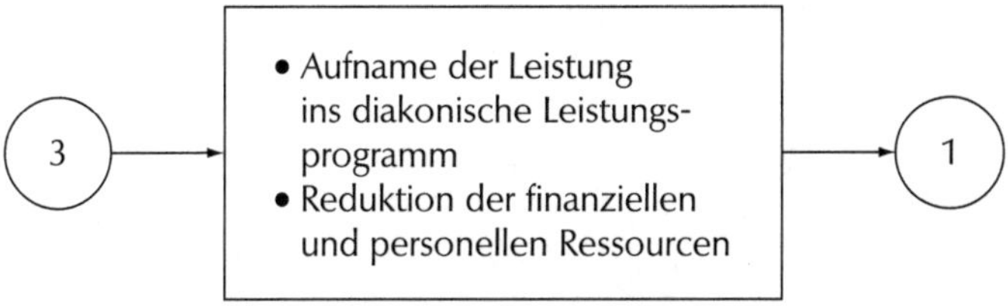
3
• Aufname der Leistung ins diakonische Leistungsprogramm
• Reduktion der finanziellen und personellen Ressourcen
1

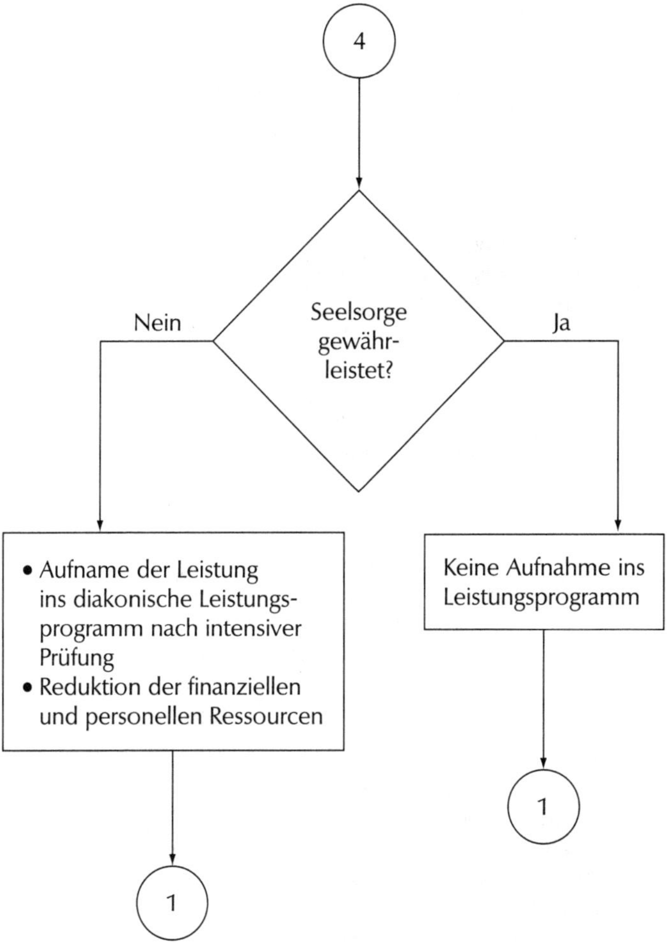
4
Seelsorge gewährleistet?
Nein
Ja
• Aufname der Leistung ins diakonische Leistungsprogramm nach intensiver Prüfung
• Reduktion der finanziellen und personellen Ressourcen
Keine Aufnahme ins Leistungsprogramm
1
1

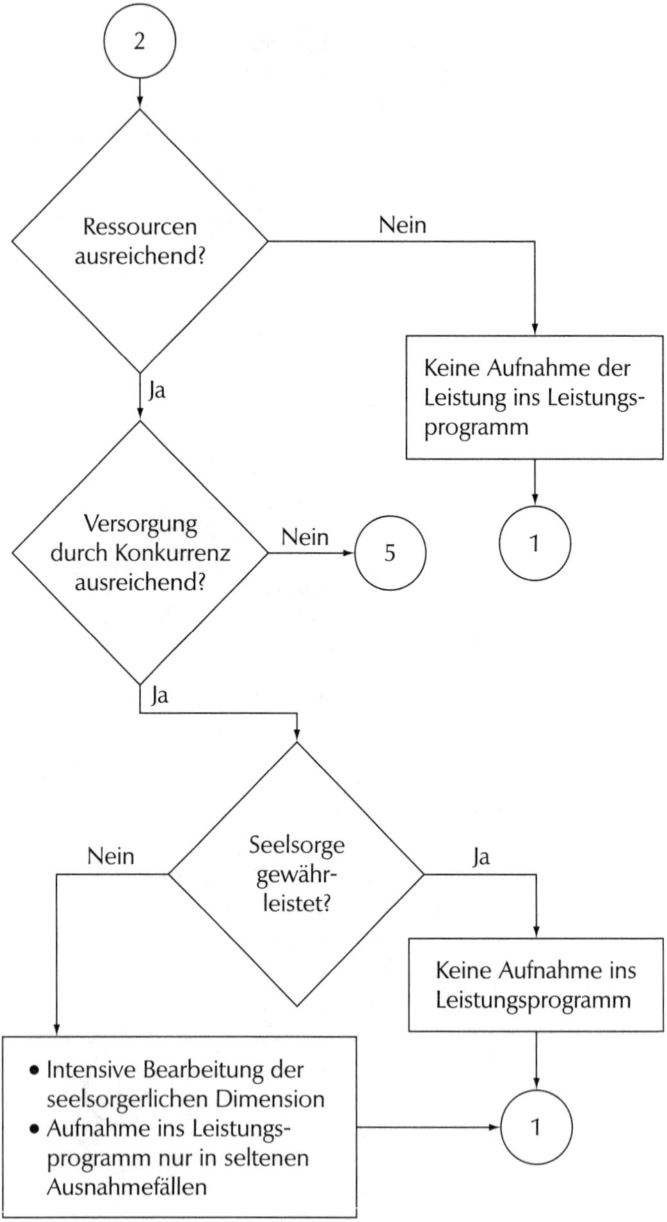
2
Ressourcen ausreichend?
Nein
Keine Aufnahme der Leistung ins Leistungsprogramm
1
Ja
Versorgung durch Konkurrenz ausreichend?
Nein
5
Ja
Seelsorge gewährleistet?
Nein
Ja
Keine Aufnahme ins Leistungsprogramm
• Intensive Bearbeitung der seelsorgerlichen Dimension
• Aufnahme ins Leistungsprogramm nur in seltenen Ausnahmefällen
1

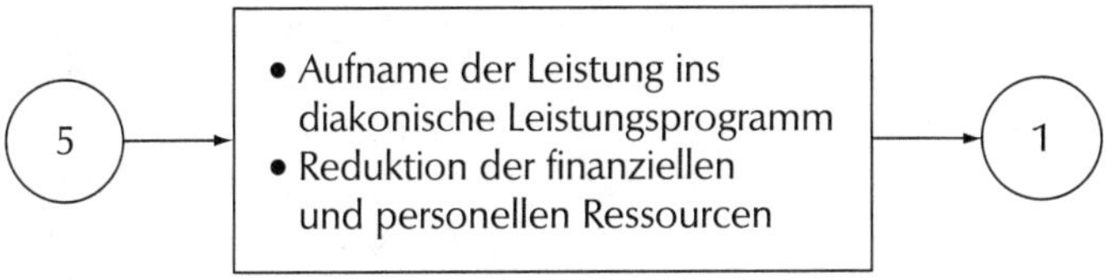

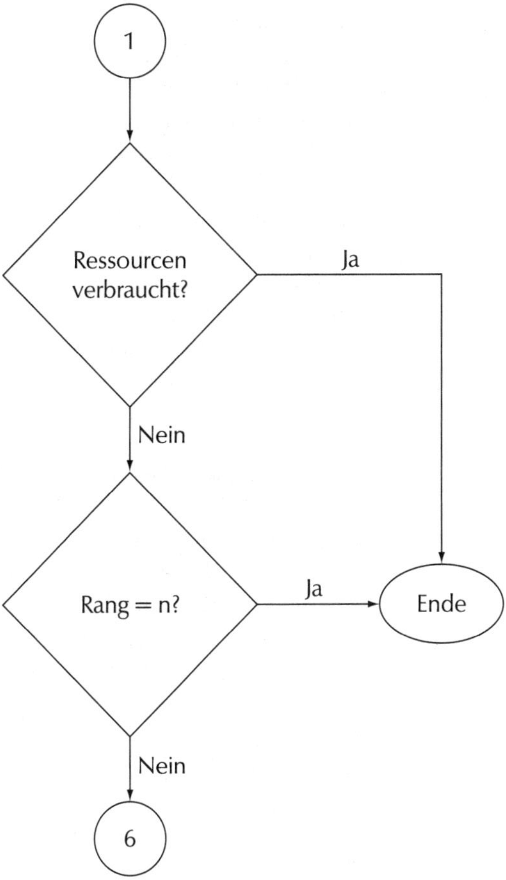

Abbildung 23: Entscheidungsprozess eines diakonischen Leistungsprogramms

nötig sind. In diesem Fall handelt es sich jedoch nicht um die diakonische Dimension christlicher Existenz, sondern um die liturgische. Hier muss genau bedacht werden, ob nicht der Druck auf den Anbieter, Seelsorge zu gewährleisten, erhöht werden kann, bevor eine eigene Institution aufgebaut wird.

In dieser Weise wird eine Leistung nach der anderen abgearbeitet. Irgendwann kommt man zu den Leistungen, die keine physiologischen Grundbedürfnisse mehr betreffen. Für sie erfolgt zuerst eine Ressourcenabfrage. Durch die Leistungen mit unmittelbarer Auswirkung auf die Befriedigung der physiologischen Grundbedürfnisse sind die finanziellen und personellen Ressourcen bereits stark ausgelastet. Nur wenn noch freie Kapazitäten vorhanden sind, d.h., wenn die Aufnahme einer zusätzlichen Leistung keine der bereits akzeptierten Leistungen gefährdet, kann sie ins Leistungsprogramm aufgenommen werden. Bestehen jedoch Ressourcenengpässe, so darf diese zusätzliche Leistung nicht berücksichtigt werden, da sonst die armutsorientierten Leistungen leiden würden. Die Kirche muss selbstverständlich darauf drängen, dass die Versorgungslücke gesellschaftlich erkannt wird, so dass sich bald ein Markt bildet.

Falls die Ressourcen ausreichen würden, eine Leistung ins Leistungsprogramm aufzunehmen, die höhere Bedürfnisse befriedigt, muss wiederum hinterfragt werden, ob die Konkurrenz diese Märkte ausreichend befriedigt. Wenn dies nicht der Fall ist, sollten diakonische Sozialleistungsunternehmen die Leistung ins Leistungsprogramm aufnehmen und die Ressourcen entsprechend reduzieren. Wenn jedoch die Versorgung durch die anderen Unternehmen garantiert wird und weiterhin die Seelsorge in diesen Einrichtungen gewährleistet wird, besteht kein Grund für eine Aufnahme der Leistung ins Leistungsprogramm. Nur wenn die seelsorgerische Arbeit in den Konkurrenzbetrieben stark behindert wird, wäre unter Umständen als ultima ratio der Aufbau eigener Institutionen nötig. Ob bei der Fülle von möglichen und nötigen armutsorientierten Leistungen überhaupt noch

Managementvalenzen bleiben, um derartige Projekte durchzuführen, ist fraglich.

Am Ende des Zukunftsworkshops würde ein Leistungsprogramm vorliegen, das primär armutsorientiert ist und die finanziellen und personellen Kapazitäten berücksichtigt. Dieses Programm könnte die Strategie sein, die innerhalb der nächsten 10 Jahre zu verwirklichen ist. Deshalb würden sich an den Workshop zahlreiche Detailarbeiten anschließen, denn einige bestehende Einrichtungen und Programme müssen verkauft, geschlossen oder umgestaltet werden, während neue Zweige aufgebaut werden müssen. Die Entwicklung eines Leistungsprogramms wird dabei zahlreiche Regelkreise durchlaufen, da insbesondere die Möglichkeit von Kreuzsubventionen und Verbundprodukten den Auswahlprozess erheblich erschweren. Entscheidend ist jedoch, dass die Leistungsprogrammplanung mit dem genannten Zielsystem angegangen wird: im kleinen Diakonieverein ebenso wie im diakonischen Werk, im Krankenhaus ebenso wie im Altenheim, in der Behindertenhilfe wie im Evangelischen Siedlungswerk.

Ausblick

Diakonische Sozialleistungsunternehmen arbeiten intensiv daran, ihre Effizienz zu verbessern. Betriebswirtschaftliche Konzepte werden implementiert, Managementkurse besucht und neue Führungskräfte eingestellt. Der Leistungserstellungsprozess in diesen Einrichtungen konnte durch diese Maßnahmen erheblich effizienter gestaltet werden. Besonders zu begrüßen ist dabei, dass Theologen wie Betriebswirte zunehmend Interesse an der Diakoniebetriebslehre finden und diesen Umgestaltungsprozess wissenschaftlich begleiten.

Während die Gestaltung des Transformations- und Führungsprozesses also erhebliche Aufmerksamkeit genießt, gerät die wichtigste Frage jedes Betriebes ins Hintertreffen: die Zusammensetzung des Leistungsprogramms. In der vorliegenden Arbeit wurde gezeigt, dass diese Unterlassung aus theologischer wie betriebswirtschaftlicher Sicht ein schwerer Fehler ist. Erst wenn exakt definiert ist, welche Leistungen erstellt werden sollen, kann über das „Wie?" diskutiert werden. Entscheidungsträger in der Kirche und ihrer Diakonie sind deshalb aufgerufen, neu ihr Leistungsprogramm zu hinterfragen und mutige Schritte zu einer armutsorientierten Diakonie zu gehen.

Am Ende dieser Arbeit bleiben zahlreiche Forschungslücken, die auf eine wissenschaftliche Untersuchung harren. Zum einen ist die empirische Situation unbefriedigend. Es gibt kaum Statistiken über die Kundengruppen diakonischer Sozialleistungsunternehmen, der Führungsstil wurde kaum wissenschaftlich untersucht, und selbst die finanzielle Situation der meisten Einrichtungen bleibt obskur. Hier tut die Entwicklung einer wissenschaftlichen

Diakoniebetriebslehre mit einem eigenen Forschungsinstitut not.

Der aufmerksame Leser wird jedoch insbesondere im zweiten Kapitel feststellen, dass das Thema armutsorientierte Diakonie durchaus auch zahlreiche theologische Fragen aufwirft, die zwar in der Kirchengeschichte nicht unbekannt sind, jedoch in den letzten Jahrzehnten im deutschsprachigen Raum kaum diskutiert wurden. Hierzu gehört die Aufforderung Jesu zur freiwilligen Armut (Lk 18,22): „Verkaufe alles was Du hast und gib es den Armen!" Die Umsetzung dieses Auftrages Jesu im dritten Jahrtausend ist schwierig, wie Vieweger & Mockler eindrücklich darstellen (2002, S. 49–80). Doch darf dies nicht dazu veranlassen, ohne tiefgehende Reflexion über diesen harten Satz hinweg zu gehen und ihm damit die Schärfe zu nehmen. Viele, die sich mit der Armenhilfe beschäftigen, spüren den Anspruch dieser Aussage in ihrem Leben. Die „Simplicity Bewegung", die insbesondere von amerikanischen Quäkern getragen wird, versucht durch ihren Lebensstil eine Antwort zu geben (Foster 1998). Sie versteht die individuelle Entscheidung für ein einfacheres Leben nicht als moralischen Druck oder als Patentrezept für eine „christlichere" Welt, sondern als ein Geschenk Gottes an die Nachfolgenden, das Freiräume für Leben schafft. Der Simplicity Bewegung fehlt damit die Strenge und Askese der mittelalterlichen Armutsbewegung.

Besonders schwierig ist die freiwillige, christliche Armut jedoch, da sie sich nicht auf materielles Haben beschränken lässt. Sie setzt – zumindest ist dies die Vorstellung der Simplicity Bewegung – auch die „Einfalt des Herzens" voraus, d.h. die Ausrichtung allein auf den Willen Gottes. Eine armutsorientierte Diakonie führt deshalb schnell zu einer Frage nach der persönlichen Frömmigkeit – einer Frage, die meiner Meinung nach in der Diakonie heute viel zu wenig gestellt wird; einer Frage jedoch auch, die sich jeder betriebswirtschaftlichen Analyse entzieht.

Schließlich fordert die Konzeption der armutsorientierten Diakonie unsere ganze Kirche heraus. Der mittelalterliche Armutsstreit wurde letztendlich diktatorisch unterbunden bzw. kanalisiert, so dass die Anfragen, die beispielsweise Franz von Assisi an seine Kirche stellte, schnell verhallten. Und doch trifft Jesu Wort von der freiwilligen Armut auch unsere Kirchen im 3. Jahrtausend. In einer Welt, in der jeden Tag Menschen verhungern, in der auch in Deutschland Kinder Gottes keinen Wohnraum finden und in der Frankfurter Straßenkinder so schlecht ernährt sind, dass ihre Gehirnentwicklung leidet, muss sich die Kirche fragen lassen, ob sie nicht auch ihren Haushalt nach einer strengen Armutsorientierung neu sortieren sollte.

Diese Forschungslücken können nur im Dialog der Wissenschaften geschlossen werden. „Arme habt ihr allezeit", aber in der Zusammenarbeit von Theologie und Ökonomie, mit Glaubensmut und mit dem festen Willen zu einer Neuorientierung der Kirche und ihrer Diakonie können es erheblich weniger werden!

Literatur

Affemann, N./Pelz, B.F./Radermacher, F.J. (1998): Globale Herausforderung und Bevölkerungsentwicklung: Die Menschheit ist bedroht. Beitrag für den Beirat der Deutschen Stiftung Weltbevölkerung e.V., Landesstelle Baden-Württemberg, Böblingen.

Africa Health (1997): Malaria: action at last? September 1997, S. 26–27.

Anderson, R.M./Schulenburg, M. (1992): Basiswissen Gesundheitsökonomie. Berlin.

Aristides (1913): Die Apologie des Philosophen Aristides von Athen. in: Bibliothek der Kirchenväter 12, München.

Arrow, K.J. (1963): Uncertainty and the welfare economics of medical care. American Economic Review, Vol. 5, S. 941–969.

– /Debreu, G. (1954): Existence of an equilibrium for a competitive economy. Econometrica, Vol. 22, S. 265–290.

Badelt, Chr. (1999), Handbuch der Nonprofit Organisation. Stuttgart.

Bahmann, M.K. (2003): Der Vorzug der Armen. Frankfurt a. M.

Banfield, E.C. (1968): The unheavenly city: The nature and future of our urban crisis. Boston.

Barna, G. (1991): Marketing the Church. What they never taught you about church growth. Colorado Springs, S. 11–59.

Bator, F.M. (1958): The anatomy of market failure. The Quarterly Journal of Economics, Vol. 72, S. 351–379.

Bauer, H.H. (1996): Kirchenmarketing: eine Einleitung und sechs Thesen. Mannheim.

Bea, F. (1997): Shareholder Value. WiSt, Heft 10, S. 541–543.

– (1999): Communio-Management. in: Hilberath, B.-J. (Hg.): Communio – Ideal oder Zerrbild von Kommunikation? Freiburg/Basel/Wien.

Berekoven, L. (1986): Grundlagen der Absatzwirtschaft. Herne/Berlin.

Berger, P.L. (1994): The gross national product and the gods. The McKinsey Quarterly, No. 1, S. 97–110.

Bernhardt, S. (1999): Finanzierungsmanagement in NPOs, in: Badelt, Chr. (Hg.): Handbuch der Nonprofit Organisation. Stuttgart.

Beyreuther, E. (1983): Geschichte der Diakonie und der Inneren Mission in der Neuzeit. Berlin.

Bobek, H. (1959): Die Hauptstufen der Gesellschafts- und Wirtschaftsentwicklung in geogr. Sicht. Die Erde, Vol. 90, S. 258–297.
Brattgard, H. (1964): Im Haushalt Gottes. Berlin/Hamburg.
Bremer, S. (1996): Der wirtschaftsethische Ansatz in der Theologischen Ethik von Helmut Thielicke. Münster.
Breyer, F./Zweifel, P. (1999): Gesundheitsökonomie. Berlin.
Brodd, S.-E. (1994): Haushalterschaft und Ekklesiologie. Lutherischer Weltbund (Hg.): Haushalterschaft – unsere Verantwortung for Gott. Genf, S. 21–30.
Brot für die Welt (2001): Homepage. www.brotfuerdiewelt.de. 05.05.01.
Brummer, A./Nethöfel, W. (1997): Vom Klingelbeutel zum Profitcenter? Hamburg.
Brundtland-Bericht (1987): Weltkommission für Umwelt und Entwicklung: Unsere gemeinsame Zukunft. Greven.
Brunner, E. (1937): Der Mensch im Widerspruch. Zürich.
– (1943): Gerechtigkeit. Zürich.
– (1978): Das Gebot und die Ordnungen. Entwurf einer protestantisch-theologischen Ethik. Zürich.
Bukh, P.N.D. (1992): Technical efficiency and returns to scale in the Danish banking sector: an application of a nonparametric estimation method. Institute of Management, University of Aarhus.
Bundesministerium für Arbeit und Sozialordnung (2001a): Lebenslagen in Deutschland. Bonn.
– (2001b): Lebenslagen in Deutschland. Materialband zum ersten Armuts- und Reichtumsbericht der Bundesregierung. Bonn.
Bundesministerium für wirtschaftliche Zusammenarbeit und Entwicklung (1994): Sektorkonzept Gesundheit. Bonn.
– (1997): Grundlagen der deutschen Entwicklungszusammenarbeit, No. 97. Bonn.
– (1998): Materialien Deutsche Entwicklungspolitik No. 98. Bonn.
– (2000): Medienhanbuch Entwicklungspolitik 2000. Bonn.
– (2001): Armutsbekämpfung – eine globale Aufgabe. Bonn.
Burkhardt, H. (2000): Wirtschaft ohne Ethik? Biblische Beiträge zu Grundfragen des Wirtschaftslebens. Gießen.
Caritas Europa (2002): Bericht über die Armut in Europa. Brüssel
Chinnock, P. (1998): Reaching the poorest. Africa Health, Vol. 20., No. 2, S. 13–14.
Conly, G.N. (1975): The impact of malaria on economic development: a case study. Pan American Health Organisation, Washington D.C.
Connors, T.D. (1988): The Nonprofit Organization Handbook. New York.
Corsten, H. (1997): Dienstleistungsmanagement. München, Wien.

– (1999): Dienstleistungen aus ökonomischer Sicht. Kahle, E. (Hg.): Markt-Kunde-Vertrauen: Zukunft diakonischer Dienstleistungen. 3. Management Symposium der Diakonischen Heime in Kästorf e.V. Arbeitsbericht Nr. 210, Universität Lüneburg, S. 71–99.
Degen, J. (1994): Diakonie als soziale Dienstleistung. Gütersloh.
Diakonisches Werk (1999): Statistische Informationen, Einrichtungsstatistik, Stand 1. 1. 1998; Nachfrage per e-mail.
Diamond, J. (2001): Arm und Reich. Frankfurt a. M.
Diefenbacher, H. (2001): Gerechtigkeit und Nachhaltigkeit. Zum Verhältnis von Ethik und Ökonomie. Darmstadt.
Donabedian, A. (1980): Explorations in quality assessment and monitoring, Volume I: The definition of quality and approaches to its assessment. Ann Arbot/Michigan.
– (1982): Explorations in quality assessment and monitoring, Volume II: The criteria and standards of quality. Ann Arbot/Michigan.
Donner-Reichle, C. (1998): Priorität für menschliche Entwicklung. Studien zur Entwicklungsökonomie, Bd. 10. Münster.
Drehsen, V. u. a. (1995): Wörterbuch des Christentums. Oslo.
Dross, F./Weyer-von Schoultz, M. (2001): Armenwesen und Krankenhäuser in der ersten Hälfte des 19. Jahrhunderts. Aspekte ihrer Funktion, Finanzierung und Klientel – das Düsseldorfer Beispiel. in: Labisch, A./Spree, R. (Hg.): Krankenhaus-Report 19. Jahrhundert, Frankfurt M., S. 295–337.
Ebertz, M. (1998): Kirche auf dem Markt. Eine Struktur des religiösen Feldes. in: Thomé, M.: Theorie Kirchenmanagement. Potentiale des Wandels. Bonn, S. 68–84.
Eckert, J. C. (2000): Dienen statt Herrschen. Stuttgart.
Elkeles, T./Mielck, A. (1997): Entwicklung eines Modells zur Erklärung gesundheitlicher Ungleichheit. Das Gesundheitswesen, Vol. 59, S. 137–143.
Eschenbach, R./Horak, Chr./Weger, A. (1993): Die Zukunft der Evangelischen Kirche in Wien. Wien.
Evangelische Landeskirche in Württemberg (1999): Wirtschaftliches Handeln in der Kirche. Stuttgart.
Evangelischer Entwicklungsdienst (2000): Weltweite Partnerschaft der Kirchen. Arbeitsbericht 1999/2000. Selbstverlag, Bonn.
– (2001): Die Hoffnung heißt Leben. epd-Entwicklungspolitik: Materialien, Nr. 1/2001, Frankfurt a. M.
Feldmann, C. (1997): Die Liebe bleibt. Freiburg i.Br.
Fetzer, J./Grabenstein, A./Müller, E. (1999): Kirche in der Marktgesellschaft. Gütersloh.
Feuerstein, M.T. (1997): Poverty and health. London/Basingstoke.
Fleßa, S. (2002): Malaria und AIDS. Gesundheitsökonomische Analysen auf Grundlage von Disease Dynamics Modellen. Lage.

Foster, R. (1998): Das Geschenk der Einfachheit. Wuppertal.

– (2000): Viele Quellen hat der Strom. Wuppertal/Kassel.

Freeman, R.E. (1984): Strategic management. A stakeholder approach. Marshfield.

Gaertner, W. (1994): Pareto-Effizienz und normative Ökonomik. Arnold, V. u.a. (Hg.): Wirtschaftliche Perspektiven I: Theorie, Ordnungsfragen, Internationale Organisationen. Berlin.

Gäfgen, G. (1990): Gesundheitsökonomie: Grundlagen und Anwendungen. Baden-Baden.

Garhammer, E. (1998): Zwischen Identität und Relevanz. Kirche und Managementtheorien. in: Thomé, M.: Theorie Kirchenmanagement. Potentiale des Wandels. Bonn, S. 49–57.

Geertz, C. (1963): Agricultural involution, the process of ecologic change in Indonesia. Berkeley.

Geyer, S. (2001): Krankheit und soziale Ungleichheit: Untersuchungen mit Krankenkassendaten. Forum Public Health. Vol. 9, No. 33, S. 6–7.

Grüske, K.D. (1985): Personale Verteilung und redistributive Effizienz – Versuch einer Analyse und Synthese. Habilitationsschrift, Erlangen-Nürnberg.

– (1992): Steigende Ausgaben im Gesundheitswesen – Analyse der systemimmanenten Ursachen. Forum Finanzwissenschaft, Bd. 1, Nürnberg.

Gutiérrez, G. (1984): Die historische Macht der Armen. Mainz. Drehsen, V. u.a. (Hg.): Wörterbuch des Christentums. Oslo.

Häring, H. (1995): Sünde und Schuld. Drehsen, V. u.a. (Hg.): Wörterbuch des Christentums. Oslo, S. 1205–1208.

Hauff, M.v./Werner, H. (Hg.) (1996): Perspektiven einer armutsorientierten Entwicklungspolitik. Sternfels/Berlin.

Hedinger, U. (1972): Wider die Versöhnung Gottes mit dem Elend. Zürich.

Helmert, U./Voges, W. (2001): Herz-Kreislauf-Krankheiten: Von der Managerkrankheit zur Krankheit der sozial Benachteiligten. Forum Public Health. Vol. 9, No. 33, S. 5–6.

Hemmer, H.-R. (1988): Wirtschaftsprobleme der Entwicklungsländer. Eine Einführung. München.

Hillebrecht, S.W. (1992): Was die Kirche nutzen kann. in: Absatzwirtschaft, 35. Jg., Nr. 12, S. 38–39.

– (1993): Kirchensteuern aus Marketingsicht. in: Oeckenfels, W./Kettern, B. (Hg.): Streitfall Kirchensteuern. Paderborn, S. 213–228.

– (1994): Ansatzpunkte der Markt- und Meinungsforschung im Dienste des Kirchenmarketing, Jahrbuch der Absatz- und Verbrauchsforschung, 40. Jg., H. 1, S. 4–18.

– (1995): Grundlagen des kirchlichen Marketing, in: Marketing-ZFP, 17. Jg., Nr. 4, S. 221–231.
– (1997): Kirchliches Marketing. Paderborn.
Homann, K./Blome-Drees, F. (1992): Wirtschafts- und Unternehmensethik. Göttingen.
Horak, Chr. (1995): Controlling in Non-profit Organisationen: Erfolgsfaktoren und Instrumente. Wiesbaden.
Hossfeld, F.-L. (1995): Gerechtigkeit, II. Altes Testament. Kapser, W. u.a. (Hg.): Lexikon für Theologie und Kirche. Bd. 4. Freiburg u.a., Sp. 500–501.
Hubbard, D.A. (1989): Joel and Amos: An Introduction and Commentary. Wiesman, D.J. (Hg.). Tyndale Old Testament Commentaries Series. Leicester.
Hübner, E. (1985): Theologie und Empirie der Kirche. Prolegomena zur Praktischen Theologie. Neukirchen-Vluyn.
Husfloen, R.L. (1994): Haushalterschaft: Die Ausbildung von Führungskräften. Lutherischer Weltbund (Hg.): Haushalterschaft – unsere Verantwortung for Gott. Genf, S. 31–40.
Iannaccone, L.R. (1998): Introduction to the economics of religion. Journal of Economic Literature, Vol. 26, No. 3, S. 1465–1496.
Jack, W. (1999): Principles of health economics for developing countries. Washington D.C.
Jäger, A. (1986): Diakonie als christliches Unternehmen. Theologische Wirtschaftsethik im Kontext diakonischer Unternehmenspolitik. Gütersloh.
– (1993): Konzepte der Kirchenleitung für die Zukunft. Wirtschaftsethische Analysen und theologische Perspektiven. Gütersloh.
– (1999): Vorwort des Reihenherausgebers. in: Fetzer, J./Grabenstein, A./Müller, E. (Hg.): Kirche in der Marktgesellschaft. Gütersloh, S. 7–8.
Jonas, H. (1984): Das Prinzip Verantwortung. Frankfurt a.M.
Justitia et Pax (1991): Gerechtigkeit für alle. Zur Grundlegung kirchlicher Entwicklungsarbeit. Deutsche Kommission Justitia et Pax, Selbstverlag, Bonn.
Kapfer, L. u.a. (1997): Die Jesus-Manager. Innsbruck/Wien.
Katt, H.-J. (1998): Die Augsburger Bethäuser. Evangelische Diakonissenanstalt Augsburg, 143. Jahresbericht.
Kehl, M. (2000): Kirche als Dienstleistungsorganisation. Theologische Überlegungen. Stimmen der Zeit, Heft 6, Juni 2000, S. 389–399.
Kertelge, K. (1995): Gerechtigkeit, III. Neues Testament. Kapser, W. u.a. (Hg.): Lexikon für Theologie und Kirche. Bd. 4. Freiburg u.a., Sp. 501–503.
Kierkegaard, S. (1966): Der Liebe Tun, etliche christliche Erwägungen in Form von Reden. Düsseldorf.

Klostermann, S. (1997): Management im kirchlichen Dienst. Paderborn.
Krönes, G. (1991a): Kirchenverwaltung. in: Eichhorn, P. u.a. (Hg.): Verwaltungslexikon, Baden-Baden, S. 455–456.
– (1991b): Kirchliche Finanzwirtschaft. in: Eichhorn, P. u.a. (Hg.): Verwaltungslexikon, Baden-Baden, S. 456.
Lachmann, W. (1984): Ausweg aus der Krise, Fragen eines Christen an Marktwirtschaft und Sozialstaat. Wuppertal.
– (1994a): Entwicklungspolitik. Bd. 1: Grundlagen. München/Wien.
– (1994b): Entwicklungspolitik. Bd. 3: Außenwirtschaftliche Probleme. München, Wien.
– (1995a): Volkswirtschaftslehre, Bd. 2. Berlin u.a.
– (1995b): Ethische Überlegungen zur Entwicklungshilfe. Schachtschneider, K.-A. (Hg.): Wirtschaft, Gesellschaft und Staat im Umbruch. Berlin, S. 364–376.
– (1997a): Entwicklungspolitik. Bd. 2: Binnenwirtschaftliche Probleme. München/Wien.
– (1997b): Volkswirtschaftslehre, Bd. 1. Berlin u.a.
Landes, D. (1999): Wohlstand und Armut der Nationen. Berlin.
Langhorst, P. (1995): Gerechtigkeit, V. Kirchliche Soziallehre. Kapser, W. u.a. (Hg.): Lexikon für Theologie und Kirche. Bd. 4. Freiburg u.a., Sp. 498–500.
Law, W. (1952): A serious call to a devout and holy life. Nashville.
Levine, R. (1997): Eine Landkarte der Zeit. Wie Kulturen mit Zeit umgehen. München,/Zürich.
Malik, I.H. (1996): Economic advantages of anti-malaria measures amongst the rural population. The Board of Economic Inquiry, Publication No. 137, Lahore.
Marx, P. (1997): Führung und Führungsorganisation in non-profit Organisationen – Ein kritischer Vergleich zwischen der evangelischen und katholischen Kirchenhierarchie. Diplomarbeit der Westfälischen Wilhelms-Universität, Münster. Betreuer: W.v. Zwehl.
Maslow, A. (1954): Motivation and personality. New York.
Meade, M.S./Florin, J.W./Gesler, W.M. (1988): Medical geography. New York,/London.
Mertes, M. (2000): Controlling in der Kirche. Gütersloh.
Mintzberg, H. (1989): Mintzberg on Management. Inside our strange world of organizations. New York.
Minz, G./Stuirbrink, W. (1993): Die Rechnungslegung und Prüfung kirchlicher Einrichtungen. in: Die Wirtschaftsprüfung, 46. Jg., H.6, S. 170–175.
Mödinger, W. (1996): Marketing für religiöse Angebote. München.
Müller, E. (1997): Die Konzeption der sozialen Marktwirtschaft und

die Möglichkeit ihrer Rezeption durch eine evangelische Wirtschaftsethik. Neukirchen-Vluyn.
Müller, J. (1993): Entwicklungsländer, Entwicklungspolitik. Enderle, G. u.a. (Hg.): Lexikon der Wirtschaftsethik. Freiburg, Basel, Wien, Sp. 240–248.
Nethöfel, W. (1997): Gebet und Controlling. Die Chancen des Unternehmens Kirche. in: Brummer, A.: Vom Klingelbeutel zum Profitcenter. Strategien und Modelle für das Unternehmen Kirche. Hamburg, S. 15–25.
– (1998): Unternehmen Kirche? Bedeutung und Perspektiven einer Begriffsbestimmung. in: Thomé, M.: Theorie Kirchenmanagement. Potentiale des Wandels. Bonn, S. 58–66.
Neudeck, W./Porczeck, K. (1994): Adverse Selektion und Regulierung in der Krankenversicherung. Oberender, P. (Hg.): Probleme der Transformation im Gesundheitswesen. Baden-Baden.
Neukamm, K. (1999): Kirche und Diakonie: Big Business oder mehr? Vortrag auf der öffentlichen Vortragsreihe „Kirche oder Management?“, Evang. Fachhochschule Nürnberg, Oktober 1999.
Neumann, M. (1990): Zukunftsperspektiven im Wandel. Lange Wellen in Wirtschaft und Politik. Tübingen.
– (1995): Theoretische Volkswirtschaftslehre II. Produktion, Nachfrage und Allokation. München.
Niklaus, D. u.a. (1995): Werbung für die Kirche. Manuskript der Georg-August-Universität Göttingen.
Nuscheler, F. (1996): Lern- und Arbeitsbuch Entwicklungspolitik. Bonn.
Okun, A.M. (1975): Equality and efficiency – the big trade-off. New York.
Oster, S.M. (1994): Management of non-profit organizations, Dartmouth.
Perels, H.-U. (1990): Wie führe ich eine Kirchengemeinde? Bd. 1. Gütersloh.
– (1991): Wie führe ich eine Kirchengemeinde? Bd. 2. Gütersloh.
Pergande, K. (1960): Der Einsame von Bethel: Vater Bodelschwingh und die Geschichte seines Werkes. Stuttgart.
Pönnighaus, J.-M. (1979): The cost-benefit of measles immunization. Medizin in Entwicklungsländern, Bd. 3, Frankfurt a.M. u.a.
Powell, W.W. (1987): The Nonprofit Sector. New Haven, London.
Prien, H.-J. (1992): Luthers Wirtschaftsethik. Göttingen.
Radermacher, F.J. (1998): Wissen: Information und Kommunikation. Breuel, B. (Hg.): Agenda 21. Frankfurt a.M.
Raffée, H. (1994): Kirchenmarketing – Irrweg oder Gebot der Vernunft? Mannheim.

– (1999a): Kirchen Marketing – was soll's? in: Deutsches Pfarrersblatt 4/99, S. 201–205.
– (1999b): Kirchenmarketing – die Vision wird Wirklichkeit. Arbeitskreis Evangelischer Unternehmer – Forum 1998: Marketing – Irrweg oder Gebot der Vernunft? Vom Nutzen des Marketing für die Kirche, 26.–27. August 1998. in: Evangelischer Presse Dienst, Nr. 7/99, S. 7–21.
– (1999c): Kirche zwischen Evangelium und Marketing. Vortrag auf dem „Kongress Unternehmen Kirche", Dresden, 4. März 1999.
Rappaport, A. (1986): Creating Shareholder Value. The new standard for business performance. New York/London.
Rawls, J. (1972): A theory of justice. Oxford.
Rich, A. (1991): Wirtschaftsethik, Bd. 1: Grundlagen in theologischer Perspektive. Gütersloh.
– (1992): Wirtschaftsethik, Bd. 2: Marktwirtschaft, Planwirtschaft, Weltwirtschaft aus sozialethischer Sicht. Gütersloh.
Ritter, J./Gründer, K. (1980): Historisches Wörterbuch der Philosophie, Darmstadt.
Ritter, W. (1991): Allgemeine Wirtschaftsgeographie. München.
Robert Koch Institut (2001): Armut bei Kindern und Jugendlichen. Gesundheitsberichterstattung des Bundes, Heft 03/01, Berlin.
Rückert, M. (1990): Diakonie und Ökonomie. Gütersloh.
Ruh, A. (2000): Historische Grundlagen der Diakonie. in: Fleßa, S. (Hg.): Der diakonische Auftrag: Grundlagen – Ansprüche – Verantwortung. Forschungsgruppe Diakoniemanagement, Arbeitsbericht 2000–1. S. 37–50.
Russell, P.F./Menon, M.K. (1942): A malario-economic survey of rural South India. Indian Medical Gazette, Vol. 77, S. 167–180.
Schäfer, G.K./Strohm, T. (1994): Diakonie – biblische Grundlagen und Orientierungen. Heidelberg.
Schierl, T. (1995): Social Marketing – Ein hilfreicher Weg für die Kirche? in: Communicatio Socialis, 28. Jg., Nr. 3, S. 253–274.
Schöpf, A. (1984): Grundzüge der Verteilungsgerechtigkeit. Kümmel, R./Suhrcke, M. (Hg.): Energie und Gerechtigkeit. S. 102–109. München.
Schulenburg, J.-M. Graf v.d. (1993): Theorie der Gesundheitsökonomik. Zeitschrift für die gesamte Versicherungswissenschaft. Vol. 82, S. 70–94.
Schwarz, P. (1992): Management in Nonprofit Organisationen: Eine Führungs-, Organisations-, und Planungslehre für Verbände, Sozialwerke, Vereine, Kirchen, Parteien usw. Stuttgart.
– /Purtschert, P./Giroud, C. (1999): Das Freiburger Management-Modell für Nonprofit Organisationen. Berlin/Stuttgart/Wien.

Seibel, W. (1967): Imago Dei. Feiner, J./Löhrer, M. (Hg.): Mysterium Salutis, Bd. 2. Einsiedeln/Zürich/Köln, S. 805–844.
Sen, A. (1981): Poverty and famines: An essay on entitlement and deprivation. Oxford.
Smith, A. (1759/1977): Theorie der ethischen Gefühle. Eckstein, W. (Hg.), Hamburg.
– (1776/1974): Der Wohlstand der Nationen. Recktenwald, H.C. (Hg.), München.
Stavenhagen, G. (1969): Geschichte der Wirtschaftstheorie. Göttingen.
Stegemann, E.W./Stegemann, W. (1997): Urchristliche Sozialgeschichte. Stuttgart/Berlin/Köln.
Stiglitz, J.E. (1995): Information and economic analysis: A perspective. Economic Journal, Vol. 95, S. 21–41.
Talazko, H. (1988): Einheit für den Dienst. in: Kaiser, V.J. (Hg.): Soziale Arbeit in historischer Perspektive. Stuttgart.
Thielicke, H. (1986): Theologische Ethik: Mensch und Welt. Entfaltung. Bd. 2.1, Tübingen.
Tremel, H. (1995): Öffentlichkeitsarbeit als Leitungsaufgabe der Kirche. Frankfurt a.M.
Trueblood, D.E. (1966): The People called Quakers. New York.
UNCTAD (2002): Armutsbericht 2002. New York.
UNDP (1997a): Human Development Report 1997. New York.
– (1997b): Bericht über die menschliche Entwicklung 1997: Bekämpfung der Armut und Entwicklung. New York.
United Nations (2002): The least developed countries report 2002. Washington.
United Nations Conference on Trade and Development (2000a): The least developed countries report 1999. New York.
– (2000b): Statistical synopsis of the Least Developed Countries 1999. New York.
Vieweger, H.-J./Mockler, M. (2002): Kann denn Börse Sünde sein? Basel.
Weber, M. (1958): Politik als Beruf. Winckelmann, J. (Hg.): Max Weber: Gesammelte politische Schriften. Tübingen, S. 493–548.
Weltbank (1990): World Development Report 1990: Poverty. New York.
– (1993): World development report 1993. Washington D.C.
– (1996): Taking action for poverty reduction in sub-Saharan Africa: Report of an Africa region task force. Human Resources and Poverty Division, Africa Technical Department, Washington D.C.
– (1997): World bank atlas 1997. Washington D.C.
– (1999): Peru:Improving health care for the poor. World Bank Country Study. Washington D.C.

– (2000a): Weltentwicklungsbericht 2000/2001. New York.
– (2000b): Intensifying action against HIV/AIDS in Africa: Responding to a development crisis. Health, Nutrition, and Population Series. Washington D.C.
– (2000c): World development indicators. Washington D.C.
– (2000d): World Bank Atlas. Washington D.C.
– (2000e): Poverty reduction and the World Bank 1999: Progress in fiscal year 1999. Washington D.C.

Wengst, K. (1984): Schriften des Urchristentums II: Didache (Apostellehre), Darmstadt.

Werner, D./Sanders, D. (1997): Questioning the solution: The politics of primary health care and child survival. Palo Alto.

WHO (1998): The world health report 1998. Life in the 21st century. A vision for all. Genf.

WHO/ICO (1998): Poverty and health: who lives, who dies, who cares? Macroeconomics, Health and Development Series Nr. 28, WHO/ICO. Genf.

Wichern, J.H. (1962): Sämtliche Werke. Meinhold, P./Brakelmann, G. (Hg.). Berlin/Hamburg.

Wiese, H. (1998): Externe Effekte. WiSt Heft 87, August 1998, S. 404–408.

Wolfensohn, J.D. (1999): Vorwort zu: Weltbank (Hg.): Poverty reduction and the World Bank. Progress in fiscal 1998. Washington D.C.

Zerfaß, R. (1991): Das Evangelium gehört den Armen. Ökumenische Ressourcen diakonischer Arbeit. Schibilsky, M. (Hg.): Kursbuch Diakonie. Neukirchen-Vluyn.